Su
mejor vida
AHORA

Diario de oración
y reflexión

JOEL OSTEEN

CASA
CREACIÓN
A STRANG COMPANY

Su mejor vida ahora / Diario de oración y reflexión por Joel Osteen
Publicado por Casa Creación
Una compañía de Strang Communications
600 Rinehart Road
Lake Mary, Florida 32746
www.casacreacion.com

A menos que se indique lo contrario, todos los textos bíblicos han sido tomados de la versión Reina-Valera, de la *Santa Biblia,* revisión 1960. Usado con permiso.

Este libro fue publicado originalmente en inglés con el título: *Your Best Life Now Journal,* Copyright © 2005 por Warner Faith, una división de AOL Time Warner Book Group.

Traducido por: *Grupo Nivel Uno, Inc.*

Diseño interior por: *Grupo Nivel Uno, Inc.*

Library of Congress Control Number: 2005931750

ISBN: 1-59185-837-2

Impreso en los Estados Unidos de América

05 06 07 08 09 ❖ 9 8 7 6 5 4 3 2 1

Su
mejor vida
AHORA

Diario de oración
y reflexión

OBSEQUIADO A:

_____

POR:

_____

EN OCASIÓN DE:

_____

CONTENIDO

Introducción   xi

PASO UNO:
EXPANDA SU VISIÓN

Día 1: Cambie de idea; expanda su mundo   3
Día 2: Deje lo viejo atrás, comience con su nuevo yo   7
Día 3: Grandes expectativas   11
Día 4: Más allá de lo que creemos   15
Día 5: Deshágase de la idea   19
Día 6: Descubra la persona muy importante que tiene adentro   23
Día 7: Persona Muy Importante (VIP)101:
Viva como si lo creyera   27

PASO DOS:
DESARROLLE UNA IMAGEN PROPIA SANA

Día 1: Que se ponga de pie su verdadero yo   33
Día 2: Deje ir al saltamontes   37
Día 3: USTED: a los ojos de Dios   41
Día 4: Crea hoy, sea mañana   45
Día 5: Atrévase a creer en lo "imposible"   49
Día 6: ¡Deje el queso y las galletas!   53
Día 7: El Usted original que despierta amor   57

PASO TRES:
DESCUBRA EL PODER DE SUS
PENSAMIENTOS Y PALABRAS

Día 1: Un río nuevo   63
Día 2: Dios cree en usted   67
Día 3: Todo depende del programa   71
Día 4: Milagro en sus labios   75
Día 5: Dios espera oír su Palabra   79
Día 6: Legado de bendición   83
Día 7: Atrévase a declarar   87

PASO CUATRO:
DEJE ATRÁS EL PASADO

Día 1: Cambie de canal   93
Día 2: ¡Arriba y adelante!   97
Día 3: Deje atrás la amargura   101
Día 4: Desintoxicarse   105
Día 5: Libre para ser usted   109
Día 6: El Dios de la devolución   113
Día 7: Lo pasado, pasado   117

PASO CINCO:
ENCUENTRE FUERZA A TRAVÉS
DE LA ADVERSIDAD

Día 1: Manténgase firme   123
Día 2: Decidido a ser feliz   127
Día 3: Puntual, siempre   131
Día 4: La imagen completa   135
Día 5: Fe que pone a prueba   139
Día 6: En construcción   143
Día 7: Un pasito, un gran salto   147

PASO SEIS:
¡VIVA PARA DAR!

Día 1: Creados para dar   153

Día 2: Bendecidos para bendecir   157

Día 3: El amor es ciego   161

Día 4: Corazón abierto, manos abiertas   165

Día 5: La semilla debe ir por delante   169

Día 6: Busque que Dios se fije en usted   173

Día 7: Sembrar y crecer   177

PASO SIETE:
DECIDA SER FELIZ

Día 1: Dios ve lo que damos   183

Día 2: La felicidad es una decisión   187

Día 3: Confianza = felicidad   191

Día 4: Dar en el blanco   195

Día 5: La integridad rinde frutos   199

Día 6: ¡Esto es vida!   203

Día 7: Su mejor vida ahora   207

INTRODUCCIÓN

Millones de personas están descubriendo lo que significa vivir «su mejor vida ahora».

El secreto, en realidad, no es secreto. Las personas felices, exitosas y satisfechas entienden que el futuro comienza con lo que suceda hoy. Aprovechan el momento presente y construyen su futuro un día a la vez.

Usted también puede hacerlo, y este libro lo ayudará.

Este *Diario de oración y reflexión* de *Su mejor vida ahora* está dividido en siete secciones, basadas en mi libro de éxitos, *Su mejor vida ahora*. Mi intención es que utilice este libro durante las próximas siete semanas, con una sección para cada semana. Cada una de las secciones contiene material para los siete días de la semana, que podrá usted leer, comprender y pensar. No intente leer el libro de una sola vez. Tómese su tiempo y permítase reflexionar sobre el material presentado para cada día. Durante las próximas siete semanas, descubrirá que adopta los principios clave y comienza a vivir "su mejor vida ahora". Aunque sería extremadamente útil que leyera el libro original, no es absolutamente necesario para que utilice este diario. En estas páginas, le recordaré el material del libro y brindaré algunos extractos condensados que utilizaremos como trampolines para invitar a la reflexión y el pensamiento.

Este diario es una invitación a pensar, a reflexionar. Es una puerta abierta al autodescubrimiento. Así que adéntrese e inicie el viaje hacia la vida para la cual ha nacido.

Explore el significado de expandir su visión. Aprenda qué es lo que Dios tiene para decir acerca de usted y, luego, reconstruya su autoimagen según la perspectiva de Él. Comprenda el poder de sus pensamientos y palabras. Comience a dejar atrás el pasado. Renueve su fuerza a pesar de las presiones y adversidades del presente. Aprenda a vivir para dar, para dar generosamente y sin reservas. Y elija la felicidad, día tras día.

No importa dónde se encuentre o qué desafíos esté enfrentando, puede vivir una vida llena de satisfacción, paz, gozo y entusiasmo. Y no solamente durante un día o una semana, sino ¡por el resto de sus días!

CÓMO UTILIZAR ESTE LIBRO

Este libro es para que pueda usted escribir en sus páginas. Subraye las ideas importantes en cada página, escriba frases de aliento al margen mientras vaya leyendo y anote ideas nuevas que se le ocurran, conforme viva *Su mejor vida ahora*.

En este diario, encontrará preguntas que mueven a pensar, alentadores pasajes de las Escrituras y oraciones sencillas que le ayudarán a concentrar su corazón y su mente en vivir el día de hoy al máximo. Además, encontrará bastante espacio como para poder anotar su repuesta a lo que ha leído. Tómese el tiempo de reflexionar sobre las historias. Medite las preguntas. Deje que las Escrituras le hablen. Permanezca en silencio para escuchar lo que Dios le está diciendo con esas palabras. Y luego escriba lo que piensa, lo que quiere saber, sus preguntas, sus oraciones y sus sueños. Muchas de sus respuestas tendrán que ver con emociones, preocupaciones, experiencias personales y área de su vida en las que desea mejorar.

Obviamente, podrá también responder mentalmente y luego pasar al siguiente tema, aunque para aprovechar al máximo este diario encontrará que lo más conveniente es apuntar sus respuestas por escrito. Y es que al escribir, comenzará a pensar profundamente por qué se siente como se siente, por qué cree lo que cree. Y lo más importante es que tendrá un registro escrito de algunas cosas sobre las

que quizá Dios le esté hablando sobre actitudes o acciones en su vida
¡Y hasta tendrá un registro de su respuesta a Dios al respecto!

Cuando anote sus respuestas, entonces, sea lo más sincero posible.
No tema expresar con libertad lo que piensa y siente. No se preocu-
pe por la ortografía, la gramática o la estructura de las oraciones.
Intente volcar su corazón en el papel. No busque impresionar a nadie
con sus respuestas. No habrá crítico o maestro que esté mirando por
encima de su hombro para corregirle si anota la respuesta incorrecta.
De hecho, como la mayoría de sus respuestas serán sencillamente el
reflejo de sus pensamientos o emociones, no habrá respuestas
«correctas» o «incorrectas». No hay exámenes al final de libro; ¡este es
un curso en el que seguramente se graduará con las más altas califica-
ciones!

Cuando use este diario, le sugiero que encuentre un lugar tranqui-
lo y cómodo donde pueda expresarse sin interrupción. Permítase el
tiempo necesario como para leer cada sección con mucho cuidado y
luego responda el material a conciencia. Busque sobretodo la ayuda
y guía de Dios en cuanto a las áreas en las que quizá Él quiera cam-
biarle. Cree en sus propias palabras un recordatorio que alimente su
fe, un registro del viaje hacia una nueva forma de vida, la vida para la
cual ha nacido.

Que este diario sea el testimonio del poder transformador de Dios
obrando en su vida, un registro de cómo está aprendiendo usted a
vivir ¡«Su mejor vida ahora»!

—Joel Osteen

PASO UNO:

Expanda su visión

DÍA 1:

CAMBIE DE IDEA;
EXPANDA SU MUNDO

VERDAD CLAVE: Para vivir su mejor vida ahora, debe comenzar a ver la vida a través de los ojos de la fe y visualizar la vida que desea vivir.

DESDE QUE ERA MUY PEQUEÑA TARA HOLLAND SOÑABA CON SER Miss Estados Unidos. Luego de dos años de participar en el concurso para Miss Florida, sintió la tentación de rendirse, pero decidió concentrarse en su objetivo. Alquiló vídeos de todos los concursos que pudiera encontrar –locales, estatales, Miss Adolescente, Miss Universo, Miss Mundo– y los miró una y otra vez.

Cada vez que veía a una joven coronada como ganadora, se veía a sí misma en esa situación. Se veía recibiendo la corona. Se veía caminando por la pasarela, victoriosa. Una y otra vez, se vio ganando.

Así que cuando, en 1997, Tara fue coronada Miss Estados Unidos, su andar sobre la pasarela fue la cosa más natural para ella, casi como respirar. Luego, un reportero le preguntó si estaba nerviosa por estar en televisión frente a millones de personas, aceptando su corona.

"No", dijo. "No estuve nada nerviosa, porque ya había caminado por esa pasarela miles de veces antes."

Simplemente vivía su sueño, la visión que había practicado tantas veces en su mente.

PIENSE EN ESTO: ¿Y qué hay de usted? ¿Alguna vez se imaginó cumpliendo sus sueños? ¿Mantiene delante de sí esa visión de victoria? ¿De qué modo se ve y describe con mayor frecuencia –en términos de experiencias pasadas, limitaciones presentes o futuros éxitos? ¿Suele verse perdiendo o ganando? ¿Con éxito o fracaso?

Si ha archivado sus sueños, atrévase a desempolvarlos en el espacio que hay a continuación. Escriba sobre dos de los más importantes sueños que no haya podido imaginar cumplidos en su vida. Atrévase a pedirle a Dios que reavive estos sueños en su corazón y su mente. Describa cómo sería su vida si estos sueños comenzaran a cumplirse:

Nada puede lograrse sin esperanza y optimismo.
—*Hellen Keller*

_____

_____

_____

_____

_____

_____

> Si oyes una voz que te dice
> que no sabes pintar, entonces
> pinta de todos modos,
> y la voz tendrá que callarse.
> —*Vincent Van Gogh*

_____

_____

_____

_____

_____

LO QUE DICEN LAS ESCRITURAS

Aviva el fuego del don de Dios que está en ti.

—2 Timoteo 1:6

«Porque yo sé los pensamientos que tengo acerca de vosotros», dice Jehová, «pensamientos de paz, y no de mal, para daros el fin que esperáis».

—Jeremías 29:11

ORACIÓN PARA HOY

Padre celestial, tú me has dado ojos para ver y una mente para buscar la sabiduría. Hoy te pido que abras los ojos de mi corazón y mi mente para que pueda verme como tú me ves, ¡con plena bendición, amor y gozo de tu parte! Ayúdame a visualizar los sueños que he dejado de lado, para que me vea aceptando y viviendo los que tú deseas en mi vida.

> Creas o no creas que puedes
> hacer algo, tendrás razón.
> —*Henry Ford*

VERDAD DE BOLSILLO: Hoy, cree un ambiente de fe y éxito, liberándose de los pensamientos negativos e incorrectos y reemplazando las ideas y actitudes con una visión nueva de lo que puede ser su futuro. Esfuércese por rechazar los pensamientos de limitación o fracaso y reemplácelos con las palabras potentes de la verdad, la victoria, la salud, el gozo, la paz y la felicidad.

DÍA 2:

DEJE LO VIEJO ATRÁS, COMIENCE CON SU NUEVO YO

VERDAD CLAVE: Líbrese de los odres viejos. Cruce por sobre las barreras del pasado y comience a esperar que Dios haga grandes cosas en su vida.

HACE SIGLOS, EL VINO SE ALMACENABA EN ODRES DE CUERO, NO EN botellas de vidrio. Se secaban y curaban las pieles de los animales hasta que el cuero se pudiera moldear en forma adecuada para contener el vino. Cuando los odres eran nuevos, tenían flexibilidad y suavidad al tacto. Pero, a medida que envejecían, solían perder su elasticidad. Endurecían y ya no se expandían. Si alguien vertía vino nuevo en un odre viejo, éste se rompía y el vino se perdía.

Es interesante que cuando Jesús quería alentar a sus seguidores a expandir su visión, les recordaba: «[No] echen vino en odres viejos» (ver Mateo 9:17).

Jesús estaba diciendo que no se puede tener una vida más grande si se conserva una actitud restrictiva. Esa lección sigue vigente hoy día. Solemos aferrarnos a nuestros hábitos, limitarnos en nuestras perspectivas, apegarnos a nuestras ideas. Dios intenta hacer algo nuevo, pero a menos que estemos dispuestos a cambiar, a expandir nuestra visión, nos perderemos las oportunidades que Él tiene reservadas para nosotros.

PIENSE EN ESTO: En Isaías 43:19, Dios dice: «He aquí que yo hago cosa nueva, ¿no la conoceréis?». Dios siempre está dispuesto a hacer cosas nuevas en nuestras vidas. Intenta promovernos, aumentarnos, darnos más. Sin embargo es interesante que Dios haya preguntado: «¿no la conoceréis?». Es decir, ¿estás haciendo lugar para ello en tus pensamientos? En el espacio que sigue, escriba sobre el viejo pensamiento enredado que le impide percibir un futuro positivo, esos viejos odres que no le dejan percibir lo mejor de Dios:

_____

_____

_____

_____

_____

_____

No hay cosa más triste de ver
un pesimista joven.
—*Mark Twain*

_____

_____

_____

_____

Ahora, vuelva a leer su última anotación en el diario, y reemplace los viejos «odres» con nuevas expectativas llenas de esperanza, de todo lo que quiere ver que Dios haga en su vida:

_____

_____

_____

_____

_____

_____

_____   ❧

_____   Termina cada día y déjalo
                                        atrás. Has hecho lo que
_____   podías; se han entrometido
                                        algunos errores y cosas
_____   absurdas; olvídalas tan
                                        pronto como puedas.
_____   Mañana es un nuevo día;
                                        y comenzará ese día con
_____   serenidad y ánimo demasiado
                                        alto como para que la
_____   tontería del ayer te
                                        impida avanzar.
                                        —*Ralph Waldo Emerson*
                                                 ❧

_____

_____

LO QUE DICEN LAS ESCRITURAS

Jesús le dijo: «Si puedes creer, al que cree todo le es posible».
                                        —*Marcos 9:23*

[Oro] para que sepáis cuál es la esperanza a que él os ha llamado, y cuáles las riquezas de la gloria de su herencia en los santos, y cuál la supereminente grandeza de su poder para con nosotros los que creemos.

—Efesios 1:18-19

ORACIÓN PARA HOY

Señor, esa semilla de esperanza que tú has puesto en mí intenta echar raíz. Dame fuerza para quitar toda maleza o piedra (los viejos odres) que pudieran interponerse en el camino de esta cosa nueva que tú estás haciendo. Haz que salga el sol, y permite que llueva la cantidad necesaria también. Expande mis horizontes para que esta esperanza crezca y produzca tremenda cosecha en mi vida.

Si has logrado todo lo
que tenías planeado,
es que no planeaste
lo suficiente.
—Revista *Megiddo Message*

VERDAD DE BOLSILLO: No se conforme con una visión pequeña de Dios. Servimos al Dios que creó el universo. Líbrese de esa visión estrecha y pequeña y comience a pensar como piensa Dios. Piense en grande. Piense en más. Piense en abundancia. ¡Piense en más que suficiente!

DÍA 3:

GRANDES EXPECTATIVAS

VERDAD CLAVE: Dios normalmente nos encuentra en nuestro grado de expectativa.

NUESTRAS EXPECTATIVAS ESTABLECEN LAS LIMITACIONES PARA NUESTRA vida. Jesús dijo: «Conforme a vuestra fe os será hecho» (Mateo 9:29). Una traducción dice sencillamente: «Tengan lo que espera vuestra fe».

Algunas personas tienden a esperar lo peor. Van por la vida con la mentalidad de «pobre de mí», siempre negativos, siempre deprimidos. «Dios ¿por qué no haces algo por mi situación?», protestan. «¡No es justo!», dicen. Bueno, es que tienen lo que su fe espera.

Otras personas sinceramente están tan abrumadas por sus problemas que les cuesta creer que algo bueno pudiera pasarles. Los oímos diciendo cosas como: «Oh, tengo tantos problemas. Problemas en mi matrimonio. Problemas con mis hijos. Problemas con mi negocio. Problemas de salud ¿Cómo podría vivir con entusiasmo? ¿Cómo esperas que despierte y diga que será un buen día, cuando tengo todos estos problemas?».

Amigos, de esto se trata la fe. Tenemos que comenzar a creer que habrá cosas buenas en nuestra vida ¡y las habrá!

PIENSE EN ESTO: ¿Qué está esperando en la vida? ¿Es de las personas del «vaso medio lleno»? ¿O las del «vaso medio vacío»? Escriba abajo su respuesta y también diga cómo o por qué tiene estas expectativas, para bien o para mal.

_____

_____

_____

_____

> Muchas entradas fallidas
> han tenido todos los
> atributos, excepto uno:
> creer que se vencería.
> —*Grantland Rice*

LO QUE DICEN LAS ESCRITURAS

Poned la mira en las cosas de arriba [las cosas más altas].
        —*Colosenses 3:2*

Es, pues, la fe la certeza de lo que se espera, la convicción de lo que no se ve.
        —*Hebreos 11:1*

ORACIÓN PARA HOY

Señor, sé que tú tienes el control de todo aunque esté enfrentando dificultades en mi vida hoy. Sé que hoy puede ser el día en que las cosas cambien. Hoy podría ser el día en que se disuelva mi problema económico. Hoy podría ser el día en que se restauren esas relaciones. Hoy podría ser el día en que los enfermos sanaran. Señor, creo en los milagros y sé que, aunque no siempre pueda verlos con estos ojos humanos, tú estás obrando milagros en este mismo momento. Y te doy gracias por ello (*Continúe esta oración, anotando sus circunstancias específicas aquí debajo.*)

_____

_____

_____

_____

_____

_____

_____

_____

_____

Me gustan los sueños del futuro más que la historia del pasado.
—*Thomas Jefferson*

_____

_____

_____

_____

> Las cosas más gratificantes que hacemos en la vida suelen ser las que parecen imposibles.
> —*Arnold Palmer*

VERDAD DE BOLSILLO: Comience a reprogramar su mente hoy mismo: comience a pensar que las cosas van a cambiar para bien, no porque lo merezca usted, ¡sino porque sencillamente Dios le ama tanto! Es un principio espiritual, además de un hecho psicológico: avanzamos hacia lo que vemos en nuestra mente. Si no puede usted verlo, no hay posibilidades de que llegue a suceder en su vida.

DÍA 4:

MÁS ALLÁ DE LO QUE CREEMOS

VERDAD CLAVE: Lo que recibimos está directamente relacionado con cómo creemos.

OÍ UNA HISTORIA SOBRE UN SAPITO NACIDO EN EL FONDO DE UN ALJIBE pequeño y redondo, como los que vemos en las granjas. Vivía allí con su familia, y se contentaba con jugar en el agua, nadando en el aljibe. Pensaba. *La vida no puede ser mejor que esto. Tengo todo lo que necesito.*

Pero un día, miró hacia arriba y vio que había luz. El sapito sintió curiosidad y quiso saber qué habría allí. Lentamente, se trepó por la pared interna del aljibe. Cuando llegó arriba, miró con cuidado por sobre el borde de la pared. Y lo primero que vio allí fue un estanque. No podía creerlo. Era mil veces más grande que el pozo. Se aventuró un poco más lejos y descubrió un enorme lago. Allí se quedó a contemplar la enormidad. Poco a poco, el sapo siguió saltando hacia delante y llegó al océano. Donde mirara, había agua. Esto ya no podía entenderlo. Se dio cuenta de lo limitado que había sido su pensamiento. Pensaba que en el aljibe lo había tenido todo, pero en realidad, sólo era una gota comparado con todo lo que Dios quería que disfrutara.

Muchas veces, somos como ese sapito. Cada uno de nosotros, encerrado en nuestro aljibe, en el cómodo ambiente en que fuimos criados. Es todo lo que conocemos, un determinado nivel de vida, una determinada forma de pensar. Y, todo el tiempo, Dios tiene reservadas tantas cosas grandes para nosotros. El sueño de Dios para nuestra vida es mucho más grande, muchísimo más grande de lo que podemos imaginar. Si Dios nos mostrara todo lo que tiene reservado para nosotros, nuestra mente no podría comprenderlo.

PIENSE EN ESTO: Dios es un Dios progresivo. Quiere que vaya usted más lejos de lo que llegaron sus padres. Quiere que sea usted quien rompa el molde. Quizá haya sido criado en un ambiente negativo, rodeado de personas negativas, críticas, deprimidas y desalentadas. Sin duda, siente la tentación de utilizar su crianza negativa como excusa para vivir de la misma manera. Sin embargo, ¡puede ser usted quien cambie su árbol genealógico! No hace falta que siga en este círculo vicioso. Puede ser usted quien rompa la maldición en su familia. Puede ser quien eleve el nivel. Puede afectar a las generaciones futuras con las decisiones que tome hoy.

Escriba aquí tres sueños, objetivos o planes «extragrandes» para su vida. Entonces, escriba tres acciones específicas que puede tomar hoy para contribuir a que se hagan realidad.

> Hay quienes ven las cosas como son y se preguntan por qué… Yo sueño con cosas que jamás sucedieron y me pregunto ¿por qué no?
> —*Robert Kennedy*

LO QUE DICEN LAS ESCRITURAS

Porque yo sé los pensamientos que tengo acerca de vosotros, dice Jehová, pensamientos de paz, y no de mal, para daros el fin que esperáis.

—*Jeremías 29:11*

La esperanza que se ve, no es esperanza; porque lo que alguno ve, ¿a qué esperarlo?

—*Romanos 8:24*

ORACIÓN PARA HOY

Señor, tú ya conoces los pensamientos y limitaciones negativos que llenan mi mente. Ya me han hartado, y con tu ayuda, voy a romper este ciclo de mediocridad; rechazo esta mentalidad de «es lo más que puedo hacer». Creo que tú tienes grandes planes para mí, y quiero cumplir mi destino. ¡Te doy gracias por creer en mí!

> Lo que puedas hacer o
> soñar que puedes hacer,
> hazlo. La valentía tiene
> genialidad, poder
> y magia.
> —*Johann Wolfgang von
> Goethe (1749-1832)*

VERDAD DE BOLSILLO: Hoy no me conformaré con la medio-cridad. No dejaré que me limite mi pasado, mi historia, mis circuns-tancias actuales ni nada de lo que siento que falta en mi vida. Dios es mi recurso y mi fuente, y Dios no tiene límites. Confiaré en él y sus ilimitados recursos.

DÍA 5:

DESHÁGASE DE LA IDEA

VERDAD CLAVE: Si cambia sus ideas, Dios podrá cambiar su vida.

CADA CUATRO AÑOS, LA ATENCIÓN DEL MUNDO SE CONCENTRA EN los juegos olímpicos de verano. Hoy, al ver estos juegos olímpicos es casi difícil recordar que —hace tan sólo unas décadas— los expertos en deporte y resistencia declaraban pomposamente que nadie podría romper el récord de cuatro minutos para la milla. Ningún ser humano podía correr tal distancia durante tal período de tiempo y a tal velocidad. Los «expertos» realizaron todo tipo de estudios con profundidad para mostrar lo imposible que sería romper esta barrera. Y durante años tuvieron razón. Nadie logró correr una milla en menos de cuatro minutos.

No obstante, a Roger Bannister jamás se lo dijeron. Y aunque se lo hubieran dicho, él no habría creído en lo que decían los expertos. No se detenía a pensar en imposibles. Comenzó a entrenar y creyó que rompería ese récord. Y por supuesto, un día hizo historia en el deporte al romper la barrera de los cuatro minutos para la milla. Hizo lo que los expertos decían que nadie podría hacer.

Ahora, hay algo interesante en la historia de Roger: en diez años más ¡336 corredores más habían roto el récord de los cuatro minutos para la milla! Piense en esto. Durante siglos, desde que se tenían registros, nadie había podido correr una milla en menos de cuatro minutos. Durante años, los corredores creyeron que era imposible. Y luego en una década nada más, más de trescientas personas de diversos puntos geográficos lo lograron ¿Qué pasó? Simple. La barrera había estado en su mente.

PIENSE EN ESTO: No podemos andar por la vida pensando en la derrota y el fracaso, y esperando que Dios nos llene de gozo, poder y victoria. No podemos pensar en pobreza y carencia, esperando que Dios nos llene de abundancia.

Tenga determinación; pídale a Dios que encienda fuego en su espíritu. Comience a hablar con palabras de victoria y no de derrota. Sus palabras tienen un poder asombroso, así que deje de hablar sobre lo que no puede hacer, y empiece a hablar de lo que Dios sí puede. Mantenga su mente enfocada en la bondad de Dios.

Escriba abajo algunas de las formas en que Dios ha sido bueno con usted. Probablemente no le alcance el espacio, pero está bien. Enumere algunas cosas buenas que Dios haya hecho por usted, nada más. Tómese un momento para darle gracias, mientras lo hace.

Quiero conocer los
pensamientos de Dios.
El resto son detalles nada más.
—*Albert Einstein*

_____

_____

> Cuida bien tus
> pensamientos; nuestros
> pensamientos se oyen
> en el cielo.
> —*Owen D. Young*

Ahora, enumere algunas de las cosas que cree usted que Dios quiere hacer en su vida. Dé detalles y atrévase a expresar su fe. No sea tímido. Escriba sobre lo que Dios puede hacer en y a través de usted, y no lo que puede hacer por su cuenta:

_____

_____

_____

> El problema con la mayoría
> de las personas es que
> piensan con sus esperanzas,
> miedos o deseos, en lugar
> de pensar con la mente.
> —*Walter Duranty*

LO QUE DICEN LAS ESCRITURAS

Ensancha el sitio de tu tienda, y las cortinas de tus habitaciones sean extendidas; Porque te extenderás a la mano derecha y a la mano izquierda; y tu descendencia heredará naciones.

—*Isaías 54:2-3*

Hijitos, vosotros sois de Dios [le pertenecéis], y [ya] los habéis vencido [a los agentes del anticristo]; porque mayor [más poderoso] es el que está en vosotros, que el que está en el mundo.

—*1 Juan 4:4*

ORACIÓN PARA HOY

Señor Jesús, derriba las fortalezas de _____[dígale a Dios específicamente de qué] en mi vida de pensamiento. Limpia la casa de mi obstinada mente, y barre todo el desorden que me impide creer en que tu obrarás lo mejor en mi vida. No solamente lo bueno o bastante bueno, sino absolutamente lo mejor. Pon fuego en mi ánimo, Señor. Ayúdame a dejar de mirar atrás o al costado. Ayúdame a enfocarme sólo en ti y en tu bondad para mi vida.

VERDAD DE BOLSILLO: Durante mucho tiempo, mi mente ha estado repleta de pensamientos negativos, limitantes. Pero hoy estoy comenzando a cambiar de ideas, para permitir que Dios me ayude a hacer algo nuevo. Ya no más limitaciones. Dios me creó para vencer en la vida, y comenzaré a pensar como piensan los vencedores.

DÍA 6:

DESCUBRA LA PERSONA MUY IMPORTANTE QUE TIENE ADENTRO

VERDAD CLAVE: No se trata de quién sea usted, sino *a quién* pertenece. Eso es lo que importa. Porque Dios es su Padre celestial, se abrirán las puertas de la oportunidad para usted.

TODA MI VIDA HE SIDO CONSCIENTE DEL FAVOR DE DIOS. DESDE QUE mis hermanos y yo éramos niños, cada día antes de salir hacia la escuela mi madre oraba: «Padre, te agradezco porque tus ángeles cuidan de mis hijos, y porque tu mano de favor estará siempre sobre ellos».

Por consiguiente —y lo digo con humildad— he llegado a esperar que se me trate con deferencia. He aprendido a esperar que la gente quiera ayudarme. Mi actitud es: soy hijo del Altísimo Dios. Mi padre creó el universo entero. Me ha coronado con favor; por eso, puede esperar trato preferencial. Puedo esperar que la gente se tome la molestia de ayudarme.

La Biblia establece con claridad que Dios nos ha coronado « de gloria y de honra» (Salmo 8:5). La palabra *honor*, también podría traducirse como «favor», y *favor* significa «auxiliar, brindar ventajas especiales, recibir trato preferencial». En otras palabras, Dios quiere hacer que su vida sea más fácil. Quiere ayudarle, promoverle, darle ventajas. Quiere que reciba usted trato preferencial. Pero si hemos de percibir más del favor de Dios, debemos vivir «con mentalidad de favor». Y esto significa sencillamente esperar la ayuda especial de Dios, liberando nuestra fe en el conocimiento de que Dios quiere ayudarnos.

Por favor, no malinterprete lo que digo. No es que debamos ser arrogantes o creer que somos mejores que los demás. Es que como hijos de Dios podemos vivir con confianza y valentía, esperando cosas buenas. Podemos esperar trato preferencial no por *quiénes* somos, sino a causa de *a quién* pertenecemos. Podemos esperar que la gente quiera ayudarnos por el Padre que tenemos.

PIENSE EN ESTO: El favor de Dios le rodea como un escudo. No importa cuáles sean o cómo se vean las circunstancias de su vida. Independientemente de cuántas personas le digan que no se puede hacer, si persevera usted declarando el favor de Dios y permaneciendo en actitud de fe, Dios abrirá las puertas para usted, y cambiará las circunstancias en su favor.

Enumere tres dificultades que tiene ahora o las preocupaciones que le acosan. Luego, al hacer la oración que incluimos aquí abajo, declare con valentía el favor de Dios en cada una de esas situaciones.

_____

_____

_____

_____

_____

_____

_____

_____

_____

_____

_____

_____

_____

_____

_____

A quien tiene fe,
no le hacen falta explicaciones.
A quien no tiene fe,
no le alcanzan las
explicaciones.
—*Tomás de Aquino*

LO QUE DICEN LAS ESCRITURAS

[Al hombre] Le has hecho poco menor que los ángeles, y lo coronaste de gloria y de honra.

—*Salmo 8:5*

Y sabemos que a los que aman a Dios, todas las cosas les ayudan a bien, esto es, a los que conforme a su propósito son llamados.

—*Romanos 8:28*

ORACIÓN PARA HOY

Padre, te agradezco porque tengo tu favor. Tu favor está abriendo puertas de oportunidad. Tu favor está trayendo éxito a mi vida. Tu favor hace que la gente quiera ayudarme. Ayúdame a andar en mi vida con total confianza, esperando que sucedan cosas buenas.

_____

_____

_____

_____

Tan cerca está la grandeza
de nuestro polvo, tan cerca
está Dios del hombre,
cuando el Deber susurra:
Debes, el joven responde:
¡Puedo!
—*Ralph Waldo Emerson*

VERDAD DE BOLSILLO: Hoy seré valiente y declararé el favor de Dios en mi vida, aún en los aspectos mundanos de este día, y no importa qué suceda —o deje de suceder— creeré que Él está guiando, liderando, moviéndose en mi favor en cada situación. Yo haré mi parte y Dios hará la suya. Está obrando en todo para mi bien.

DÍA 7:

PERSONA MUY IMPORTANTE (VIP) 101: VIVA COMO SI LO CREYERA

VERDAD CLAVE: No dé por sentado el favor de Dios.

DIOS QUIERE AYUDARLE EN CADA UNA DE LAS ÁREAS DE SU VIDA, Y NO solamente en las cosas grandes. Cuando uno vive con mentalidad de favor comienza a ver la bondad de Dios en los detalles cotidianos y comunes, en el almacén, el campo de juegos, la tienda, el trabajo y el hogar. Uno puede estar atascado en el tráfico y ve que la fila contigua se mueve, pero que no hay manera de pasarse de lado. Y de repente, sin razón aparente, alguien reduce la velocidad y le hace además para que pueda pasar. Eso es el favor de Dios.

Quizá esté usted en una supermercado esperando en una larga fila para poder pagar. Y entonces aparece un empleado y le toca el hombro: «Venga, aquí hay otra caja abierta». Ese es el favor de Dios asistiéndonos. El favor de Dios hace que otras personas nos traten con preferencia.

Quizá haya salido a almorzar y justamente «se topa» con alguien a quien hace mucho quería ver. Quizá esta persona sea alguien a quien usted admira, o de quien espera aprender, o posiblemente sea alguien con quien ha querido hacer negocios sin poder contactarlo. No hay coincidencia. Es el favor de Dios que hace que esté usted en el lugar indicado en el momento justo. Cuando sucedan estas cosas, dé gracias. No dé por sentado el favor de Dios. Diga: «Padre, gracias por tu favor. Gracias por ayudarme».

PIENSE EN ESTO: La Biblia está repleta de ejemplos de personas que estaban en gran necesidad cuando el favor de Dios vino sobre ellos de manera nueva, y su situación se revirtió. Piense en las tribulaciones de Noé, Ruth, José y Job. Dios le otorgó favor especial a estos hombres y mujeres en tiempos de inundaciones, dificultades en la familia, maltrato, pena y pérdida. Nada pudo lograr hundirlos.

El favor de Dios puede sacarle a usted de sus dificultades, y revertir la adversidad también. ¿Puede disponerse a vivir como si creyera en esto? Si no es así ¿qué es lo que se lo impide? Atrévase a declarar el favor de Dios en su situación. Ore algo como: «Padre, creo que tengo tu favor hoy con mi jefe»; «tengo tu favor en esta decisión de negocios». Escriba aquí algunas palabras llenas de fe, expresando el favor de su Padre celestial en situaciones específicas por las que esté pasando.

_____

_____

_____

_____

_____

_____

_____

——————————

El corazón de Dios invita a
todos a ponerle a prueba.
Cuando más da, tanto más
desea dar. Le gusta mucho
ver la confianza que hace
que persistamos en llamar
a su puerta sin cesar.
—*Plácido Riccardi*

——————————

LO QUE DICEN LAS ESCRITURAS

Ciertamente el bien y la misericordia me seguirán todos los
días de mi vida, y en la casa de Jehová moraré por largos días.
—*Salmo 23:6*

Tu bondad y tu amor me acompañarán mientras yo viva.
—*Salmo 23:6 (BLS)*

Esperad por completo en la gracia [favor divino] que se os traerá.
—*1 Pedro 1:13*

ORACIÓN PARA HOY

Querido Padre, realmente estoy comenzando a creer lo que estu-
viste diciendo todo el tiempo: que tú me has otorgado favor; nada
está fuera de mi alcance porque tú eres la Fuente de todas las cosas

buenas en mi vida. Quizá yo no lo entienda, quizá no lo merezca, pero oro porque nunca dé por sentado este honor, esta gracia. Con tu ayuda, lo aceptaré y declararé con valentía sobre cada una de las áreas de mi vida — grandes y pequeñas— y jamás dejaré de hacerlo. Gracias por amarme con tal pasión.

_____

_____

_____

La fe es pensar que algo es verdad al punto de actuar en consecuencia.
—*W. T. Purkiser*

VERDAD DE BOLSILLO: Hoy nada hará que me hunda porque mi esperanza está en Dios, todopoderoso Creador del cielo y la tierra.

PASO DOS:

Desarrolle una imagen propia sana

DÍA 1:

QUE SE PONGA DE PIE SU VERDADERO YO

VERDAD CLAVE: Jamás podrá elevarse por encima de la imagen mental que tenga de su propia persona.

Era imposible que Carly lo lograra. Con sobrepeso y una pierna un poco más corta que la otra a causa de un accidente en la infancia, Carly era la mujer solitaria que trabajaba como empleada en un campo mayormente dominado por los hombres. Tenía que ganarse el derecho a que la oyeran casi todos los días. Algunas personas se reían de su aspecto o su manera de caminar, unos hacían comentarios desagradables a sus espaldas, y otros más le faltaban el respeto directamente. Sin embargo, Carly no le prestaba mucha atención. Sabía quién era y que era buena en lo que hacía; así que cuando los demás intentaban hundirla, consideraba que los que tenían problemas eran ellos. «Con problemas emocionales», solía decir acerca de sus detractores.

A pesar de todo lo que tenía en contra, Carly seguía obteniendo ascensos en el trabajo, y eventualmente llegó a ser la directora ejecutiva de su compañía, una experta en su campo. ¿Cómo lo logró?

El secreto de Carly es su increíblemente imagen positiva de sí misma. Devota cristiana, Carly cree que ha sido creada a imagen de Dios y que Él le da a su vida un valor intrínseco. No se esfuerza por ganar la aprobación de las demás personas, ni depende de los elogios de sus superiores o compañeros para sentirse bien consigo misma. Brillante, amigable, agradable al trato y extremadamente competente en su trabajo, Carly va por la vida con una sonrisa. Mientras otros la miran sin poder creer su actitud, ¡Carly vive su mejor vida ahora!

PIENSE EN ESTO: Su *autoimagen* es como un autorretrato; es quién y qué vemos que somos. ¿Basa usted sus sentimientos acerca de su propia persona sobre parámetros falsos y endebles, como el barrio en que vive, el auto que conduce o la opinión de las personas con quienes almuerza? Si es así, su autoimagen probablemente no sea reflejo exacto de quién es en verdad. Toda persona tiene una autoimagen. ¿Quién cree ser usted?

Descríbase aquí debajo, con toda sinceridad y tal como se ve, y luego escriba la pregunta: «Pero ¿quién dice Dios que soy?». En el diario, anote especialmente todas las diferencias de opinión que vaya viendo entre el modo en que se ve y el modo en que Dios lo ve.

_____

_____

_____

_____

_____   ⤙≈⤚

_____

_____   La clase de vida más alegre
                                   es la que nos da las
_____   mayores oportunidades
                                   de ganar autoestima.
_____   —*Samuel Johnson*

_____   ⤙≈⤚

_____

_____

LO QUE DICEN LAS ESCRITURAS

Y me ha dicho: Bástate mi gracia; porque mi poder se perfecciona en la debilidad. Por tanto, de buena gana me gloriaré más bien en mis debilidades, para que repose sobre mí el poder de Cristo.

—*2 Corintios 12:9*

Dios permanece en nosotros, y su amor se ha perfeccionado en nosotros.

—*1 Juan 4:12*

ORACIÓN PARA HOY

Padre Dios, sé que tengo que aprender a amarme y aceptarme como hijo amado tuyo. Ayúdame a verme como tú me ves. Ayúdame a saber que tu amor es incondicional, que no se basa en lo que hago, sino que lo que soy para ti, Padre. Ayúdame, Señor, a ser la persona que tú creaste, única, confiada, ¡victoriosa! Quiero ser esa persona ¡lo que soy en realidad!

_____

_____

_____

————————— ⌘ —————————   _____

_____

Si no eres encantadora   _____
a los doce años, ¡olvídalo!
—*Lucy [Charles Schulz]*   _____

_____
————————— ⌘ —————————
_____

_____

_____

_____

_____

_____

_____

VERDAD DE BOLSILLO: La verdadera autoestima no se basa en lo que pienso o creo de mí ni de lo que los demás creen de mí. La verdadera autoestima solamente puede basarse en lo que Dios dice de mí. Yo soy quien Él dice que soy.

DÍA 2:

DEJE IR AL SALTAMONTES

VERDAD CLAVE: No se concentre en sus puntos débiles; concéntrese en su Dios.

¿RECUERDA A JOSUÉ Y CALEB, DOS DE LOS DIEZ ESPÍAS QUE MOISÉS envió para echar un vistazo a la oposición en la tierra de Canaán y saber algo del terreno de batalla?

Los otros ocho espías volvieron y dijeron: «Es, en verdad, tierra de leche y miel, pero no tenemos oportunidad alguna. Jamás podremos derrotarlos. Son demasiado grandes, demasiado fuertes». La autoimagen que tenían de sí mismos era de personas débiles, pequeñas, saltamontes derrotados que serían pisoteados enseguida, indefensos ante los gigantes adversarios. Volvieron con un informe negativo porque se concentraban en sus circunstancias. Habían perdido la batalla antes de que comenzara siquiera.

Sin embargo, Josué y Caleb trajeron un informe muy distinto. Tenían los mismos datos que los otros ocho, pero era como si hubieran ido a un lugar distinto: «Moisés, podremos tomar esa tierra», dijeron. «Sí, son gigantes, y enormes, pero nuestro Dios es más grande. Y sí, son fuertes, pero nuestro Dios es más fuerte. Y por Él, podremos hacerlo. Vayamos ahora mismo y tomemos la tierra.»

PIENSE EN ESTO: A Dios le gusta mucho usar a la gente común y corriente como usted y como yo, con todos nuestros defectos, para hacer cosas extraordinarias. Quizá no se sienta usted capaz por sus propias fuerzas, y eso está bien. La palabra de Dios indica que Él siempre hace que triunfemos. Espera que vivamos en victoria.

Aprenda a vigilar su mente, controle sus pensamientos y comience a albergar las cosas buenas de Dios. No permita que su autoimagen se amolde a los conceptos no bíblicos contrarios a la opinión de Dios con respecto a usted. Si siempre piensa en la derrota, el fracaso, en lo débil que es o en lo imposible de lo que aparenta ser su circunstancia, entonces es como los ocho espías en los tiempos bíblicos, tendrá «mentalidad de saltamontes».

Podemos quejarnos porque las rosas tienen espinas o regocijarnos porque las espinas tienen rosas.
—*Ziggy (Tom Wilson)*

_____

_____

_____

_____

_____

_____

> Una de las claves para el éxito es la confianza en uno mismo. Una de las claves para la confianza en uno mismo es la preparación.
> —*Arthur Ashe*

_____

_____

_____

_____

LO QUE DICEN LAS ESCRITURAS

Entonces dijo Dios: Hagamos al hombre a nuestra imagen, conforme a nuestra semejanza; y señoree en los peces del mar, en las aves de los cielos, en las bestias, en toda la tierra, y en todo animal que se arrastra sobre la tierra. Y creó Dios al hombre a su imagen, a imagen de Dios lo creó; varón y hembra los creó.

—Génesis 1:26-27

Digo: ¿Qué es el hombre, para que tengas de él memoria, y el hijo del hombre, para que lo visites? Le has hecho poco menor que los ángeles, y lo coronaste de gloria y de honra.

—Salmo 8:4-5

ORACIÓN PARA HOY

Padre, sé que no soy un accidente cósmico que anda a la deriva, sin rumbo en la vida. Sé que tienes un propósito específico para mí. Y sí, admito que a veces las dificultades de mi vida me han desalentado al punto de que simplemente he aceptado que «así son las cosas». Pero eso es mentira. Gracias, Dios, por los planes que tienes para mí, planes para hacer lo que parece imposible. Ayúdame a reprogramar mi mente con tu Palabra, a ser una persona de las que dicen «Puedo», para poder aceptar todo lo que tú tienes reservado para mí.

_____

_____

_____

_____   _____

_____

Hasta el que es rengo,   _____
camina.
—*Stanislaw J. Lec*   _____

_____   _____

_____

_____

_____

_____

_____

VERDAD DE BOLSILLO: Hoy rechazaré la mentalidad del saltamontes. Creeré lo que la Biblia dice que soy.

DÍA 3:

USTED:
A LOS OJOS DE DIOS

VERDAD CLAVE: Aprenda a ser feliz con la persona que Dios hizo de usted y quiere que sea.

LAS ESCRITURAS DICEN: «SOMOS OBRA DE DIOS». ESTA PALABRA, *obra*, implica que todavía no somos un producto terminado; que estamos «en construcción». A lo largo de la vida, Dios continuamente nos da forma, nos moldea para que lleguemos a ser la persona que Él quiere que seamos. La clave para el éxito futuro es no desalentarse con el pasado o el presente mientras estamos en proceso de «construcción». Lo vea usted o no, ahora mismo Dios está obrando para que avance hacia cosas más grandes.

Cuando sienta la tentación del desaliento, recuerde que —según la palabra de Dios— su futuro es cada vez más brillante; está en camino hacia un nuevo nivel de gloria. Podrá pensar que aún falta mucho, pero solamente hay que mirar hacia atrás para ver cuánto ya ha avanzado. Quizá no sea todo lo que quiere ser, pero al menos puede agradecerle a Dios que ya no es lo que solía ser.

Nuestro valor individual es intrínseco; no es algo que hayamos ganado ni podemos ganarlo. Dios nos puso valor dentro cuando nos creó. Para Dios, somos su creación suprema. Esto significa que puede ya dejar de obsesionarse con todos sus defectos, y dejar de reprenderse. Todos tenemos defectos y debilidades. La buena noticia es que Dios lo sabe todo sobre nosotros, lo bueno y lo malo, y que aún así nos ama y valora incondicionalmente. Dios nos siempre aprueba nuestra conducta. No le agrada que vayamos en contra de su voluntad, y cuando lo hacemos siempre sufrimos las consecuencias y tenemos que trabajar con Él para corregir nuestros pensamientos, palabras, acciones o actitudes. Y aunque debiéramos trabajar por mejorar en las áreas en que nos quedamos cortos, nada de lo que hagamos podrá hacer que Dios nos ame menos…o más.

PIENSE EN ESTO: Imagine que le doy un billete de cien dólares, nuevo y crujiente ¿Lo querría? Suponga que lo arrugo y ya no se ve tan nuevo como el día en que lo acuñaron. ¿Lo querría entonces? ¡Claro que sí! Pero espere. ¿Qué pasaría si lo llevo al estacionamiento, lo tiro al piso, lo pisoteo hasta que casi no se vea el retrato que tiene impreso. Ahora está sucio, manchado, estropeado ¿Lo querría aún? Claro que sí.

Así nos ve Dios, a cada uno de nosotros. Todos pasamos por dificultades y problemas. A veces, nos sentimos como ese billete de cien dólares, arrugados, sucios, estropeados. Pero así como ese billete sigue teniendo valor, usted jamás perderá su valor. Su valor le ha sido otorgado por el Creador del universo, y nadie puede quitárselo.

¿Ve este valor intrínseco que Dios ha puesto en su vida? Si es así, describa lo que ve. Si no es así ¿cómo se ve? ¿De qué modo se compara su descripción con la manera en que Dios le ve?

_____

_____

_____

_____

_____

_____

_____   ⤳

_____   Dios es nuestro Creador.

_____   Dios nos hizo a su imagen

_____   y semejanza. Por eso, somos

_____   creadores.. el gozo de la

_____   creatividad debiera ser nuestro.

_____   —*Dorothy Day*

_____   ⤳

LO QUE DICEN LAS ESCRITURAS

Mas la senda de los justos es como la luz de la aurora, que va en aumento hasta que el día es perfecto.

—*Proverbios 4:18*

[Dios] me hizo sacar del pozo de la desesperación, del lodo cenagoso; puso mis pies sobre peña, y enderezó mis pasos. Puso luego en mi boca cántico nuevo.

—*Salmo 4:2-3*

Aunque mi padre y mi madre me dejaran, con todo, Jehová me recogerá [me adoptará como hijo suyo].

—*Salmo 27:10*

ORACIÓN PARA HOY

Gracias, Padre, por conocer mi valor y decírmelo en tu palabra. Gracias por ver mi potencial. Quizá no entienda todo lo que sucede en mi vida ahora mismo, pero sé que tú tienes el control. Tus caminos son mejores y más altos que los míos. Aún cuando todos los demás me rechacen, ayúdame a recordar que tú siempre estas ante mis ojos, con los brazos abiertos. Gracias, Padre, por no abandonarme jamás.

Si tú mismo no te importas,
es difícil que le importes
a los demás.
—*Malcolm Forbes*

VERDAD DE BOLSILLO: Dios todopoderoso me creó a su imagen y semejanza. Me ha coronado con gloria y honor. Dios me toma en cuenta, a mí –¡A MÍ! – su obra maestra.

DÍA 4:

CREA HOY, SEA MAÑANA

VERDAD CLAVE: Tiene mucho más impacto en su vida lo que *usted* cree, que lo que los demás creen.

ES ESENCIAL QUE NOS VEAMOS COMO DIOS NOS VE, YA QUE JAMÁS podremos elevarnos por encima de la imagen que tenemos de nosotros mismos. Si nos vemos mediocres, siempre en problemas, nunca felices, subconscientemente iremos hacia ese tipo de vida. Para avanzar en la vida, debemos cambiar nuestro enfoque. Debemos creer.

Entienda lo siguiente: Dios le ayudará; su propio voto es el que decide. Si elige seguir concentrándose en los elementos negativos de su vida, si se enfoca en lo que no puede hacer y lo que no tiene, entonces por propia decisión está de acuerdo con ser derrotado y conspirar con el enemigo. Está abriendo la puerta para que entren pensamientos, palabras, acciones y actitudes negativas que dominarán su vida.

Nadie puede tener fe por usted. Por cierto, otras personas podrán orar por usted, podrán creer por usted, podrán citar las Escrituras ante usted, pero es usted mismo quien debe ejercitarse en la fe. Si siempre depende de otros para que le hagan feliz, para que lo alienten o saquen de los problemas, vivirá en perpetua debilidad y desaliento. Debe tomar la decisión de que será creyente. Hágase cargo de su vida y decida: «No importa qué venga en contra de mí, yo creo en Dios. Tendré una perspectiva positiva para mi vida».

PIENSE EN ESTO: Si va a entrar en un acuerdo con Dios, si va a concentrarse en sus posibilidades, su fe le permitirá a Dios obrar de manera sobrenatural en su vida. Su fe le ayudará a vencer sus obstáculos y alcanzar nuevos niveles de victoria. Pero depende de usted. Depende de su perspectiva. ¿Está mirando siempre sus problemas? ¿O está mirando a Dios?

La fe es pisar el primer peldaño, aunque no veamos la escalera completa.
—*Martin Luther King Jr.*

LO QUE DICEN LAS ESCRITURAS

Entonces [Jesús] les tocó los ojos, diciendo: Conforme a vuestra fe os sea hecho.

—Mateo 9:29

[Dios le dijo a Abraham] Y haré de ti una nación grande, y te bendeciré, y engrandeceré tu nombre, y serás bendición.

—Génesis 12:2

ORACIÓN PARA HOY

Hoy reclamo la promesa que le hiciste a Abraham, Señor, diciendo que le bendecirías para que fuera bendición para otros. Yo creo en todas las grandes cosas que tú tienes para mí: estabilidad económica, relaciones firmes con mis seres amados, paz en mi familia y gozo en mi vida…(*Agregue sus propias expectativas en una lista*):

_____

_____

_____

_____

_____

_____

_____

_____

_____

_____

Eres el Dios de toda bondad, y creo que tú traerás estas bendiciones a mi vida para que yo pueda ser bendición en la vida de los demás. Gracias, Padre, por lo que estás haciendo en mi vida.

_____

_____

_____

_____

> Cuanto más vivimos e intentamos poner en práctica el Sermón del Monte, tantas más bendiciones vivimos.
> —*David Martyn Lloyd–Jones*

_____

_____

_____

_____

_____

_____

_____

_____

VERDAD DE BOLSILLO: Soy lo que soy hoy a causa de lo que creí de mí ayer. Y seré mañana aquello que creo de mí ahora.

DÍA 5:

ATRÉVASE A CREER EN LO "IMPOSIBLE"

VERDAD CLAVE: Si se atreve a ver lo invisible, Dios hará lo imposible.

ME GUSTA MUCHO EL RELATO DEL ANTIGUO TESTAMENTO DONDE Dios le dijo a Abraham que él y su esposa, Sara, tendrían un hijo aunque ya tenían casi cien años. Cuando Sara oyó la noticia, rió. Probablemente haya dicho: «Abraham, estás bromeando. Yo no voy a tener un bebé. Soy demasiado vieja. Eso jamás sucederá. Y además, mírate. ¡Tampoco tú eres un pollito!».

Sara no tenía la visión correcta. La disposición de su corazón no era correcta. No podía ver que tuviera ese hijo; no podía concebirlo en su corazón.

Y probablemente recuerde usted la historia. Pasaron los años, y Abraham y Sara seguían sin hijos. Después de un tiempo, decidieron «ayudar» a Dios a cumplir su promesa. Sara le dijo a Abraham que durmiera con su sirvienta, Agar. Concibieron un hijo, que se llamó Ismael. Pero eso no era la mejor obra que Dios podía hacer. Dios quería darle a Sara un bebé, uno que pariera ella misma.

Pasaron los años y no llegaba el bebé. Finalmente, Sara quedó encinta ¿Qué había cambiado? La promesa de Dios había sido siempre la misma. Estoy convencido de que la clave para que la promesa se cumpliera fue que finalmente Sara concibió al niño en su corazón y entonces pudo concebirlo físicamente. Tenía que creer que podía quedar encinta antes de poder quedar de veras.

Casi veinte años después de que Dios hablara su promesa, el pequeño Isaac nació, hijo de Abraham y Sara. Y creo que la razón principal por la que no nació antes, una de las demoras más importantes en el cumplimiento de la promesa, era simplemente el hecho de que Sara no podía concebir en su corazón. No podía verlo con los ojos de la fe. No podía creer que sucediera lo imposible.

PIENSE EN ESTO: Deje de pensar en lo que usted no puede hacer, y piense en lo que Dios sí puede. La Biblia dice: «Lo que es imposible para los hombres, es posible para Dios» (Lucas 18:27). Deje que esa semilla eche raíz en usted. Divida el espacio que hay a continuación en dos columnas, trazando una línea longitudinal. A la izquierda, enumere algunos de los «imposibles» en su vida; a la derecha, escriba lo que Dios es capaz de hacer en esa situación.

> Cuanto más vivimos e
> intentamos poner en
> práctica el Sermón del Monte,
> tantas más bendiciones
> vivimos.
> —*David Martyn Lloyd–Jones*

LO QUE DICEN LAS ESCRITURAS

El que comenzó en vosotros la buena obra, la perfeccionará
hasta el día de Jesucristo.

—*Filipenses 1:6*

Por tanto, tomad toda la armadura de Dios, para que podáis
resistir en el día malo, y habiendo acabado todo, estar firmes.

—*Efesios 6:13*

«Porque mis pensamientos no son vuestros pensamientos, ni
vuestros caminos mis caminos», dijo Jehová.

—*Isaías 55:8*

ORACIÓN PARA HOY

Querido Padre, ayúdame a vivir con fe y expectativa, entregarte las
situaciones en mi vida y confiar en que tú te ocuparás de cada deta-
lle. Tú puedes hacer todas las cosas. Tus caminos son más altos y

mejores que cualquier cosa que pueda yo imaginar, y sé que tú no estás limitado por el mundo natural. Puedes mover el cielo y la tierra con sólo decidirlo. Creo con todo mi corazón que puedes hacer que mis sueños, esperanzas y objetivos sean más que posibles. Puedes hacerlos realidad. ¡Gracias, Dios, por hacer lo imposible en mi vida!

No se puede planificar
el futuro según el pasado.
—*Edmund Burke*

VERDAD DE BOLSILLO: No necesito calcular cómo resolverá Dios mi problema. No necesito entender cómo hará Él que suceda. Esa es su responsabilidad. Mi tarea consiste simplemente en creer que Él lo hará.

DÍA 6:

¡DEJE EL QUESO
Y LAS GALLETAS!

VERDAD CLAVE: No se conforme con menos de lo mejor de Dios.

HACE AÑOS, ANTES DE QUE FUERAN TAN COMUNES LOS VUELOS transatlánticos, un hombre quiso viajar de Europa a los EE.UU. Trabajó duro, ahorró hasta los centavos extras que podía guardar y, finalmente, tuvo dinero suficiente como para comprar un boleto en un barco. El viaje a través del océano en esos tiempos tomaba de dos a tres semanas. Fue y compró una maleta, y la llenó con queso y galletas. Era lo único que podía comprar.

A bordo, todos los demás pasajeros iban a salón comedor a comer ricas comidas. Mientras tanto, el hombre se sentaba en un rincón y comía su queso con galletas. Así hizo día tras días. Podía oler la deliciosa comida que se servía en el comedor. ¡Cómo anhelaba poder ir con ellos! Pero no tenía dinero extra.

Al final del viaje, se le acercó un hombre y le dijo: «Señor, no he podido evitar observar que siempre está usted allí a la hora de la comida, comiendo queso y galletas ¿Por qué no viene al comedor a comer con nosotros?»

El rostro del viajero se sonrojó de vergüenza. «Bien, es que a decir verdad, sólo me alcanzó el dinero para comprar el boleto. No tengo dinero extra para comprar comidas elegantes.»

El otro pasajero arqueó las cejas, sorprendido. Negó con la cabeza y dijo: «Señor, ¿es que no se da cuenta de que la comida está incluida en el precio del boleto? ¡Ya ha pagado la comida!»

PIENSE EN ESTO: Cada momento que vivamos con esa mentalidad de «gusano comepolvo», comemos más queso con galletas. Cada vez que nos encogemos y pensamos: «No, esto no puedo hacerlo; no tengo lo que hace falta», estamos comiendo queso con galletas en lugar de las ricas comidas que tenemos a disposición.

Dios ha preparado un fabuloso banquete para usted, completo y con todo lo que necesita: gozo, perdón, restauración, paz, sanación. Está esperándolo. Ya está pago. Quizá haya pasado por momentos desalentadores en su vida, pero es hijo o hija del Altísimo Dios. Que algunas cosas hayan salido mal en su vida no cambia lo que es usted. Si un sueño muere, sueñe otro más.

¿Qué es lo que le impide acercarse a la mesa del banquete de Dios? ¿Cuál es su obstáculo? ¿Qué pasos prácticos puede dar para mostrar que está dispuesto a dejar de conformarse con menos de lo mejor de Dios?

_____

_____

_____

_____

_____

_____

_____

> La diferencia entre la
> perseverancia y la obstinación
> es que una proviene de la
> fuerza de la voluntad,
> y la otra de la fuerza
> de la negación.
> —*Henry Ward Beecher*

_____

_____

_____

_____

_____

_____

LO QUE DICEN LAS ESCRITURAS

¡Somos más que vencedores!

—*Romanos 8:37*

[Dios] da esfuerzo al cansado, y multiplica las fuerzas al que no tiene ningunas.

—*Isaías 40:29*

ORACIÓN PARA HOY

Querido Padre, te agradezco tanto tu misericordia y gracia en mi vida y, sin embargo, sigo aferrándome a ese queso con galletas y pensando que es demasiado bueno para ser cierto, demasiado por perdonar, demasiado por restaurar. Te pido humildemente que te lleves mis inseguridades y temores, mi culpa y vergüenza; que me quites esto como dice tu Palabra de quitar el pecado confesado tan lejos como lo está el este del oeste. Quiero sentarme a la mesa que tú has preparado para mí. Por favor, abre las puertas, Señor. ¡Estoy entrando!

_____

_____

_____

_____   _____

Intenta *reclamar* las   _____
bendiciones de Dios,
en lugar de tan sólo   _____
anhelarlas.
—*Henry Jacobsen*   _____

_____   _____

_____

_____

_____

_____

_____

VERDAD DE BOLSILLO: Ya no tengo que vivir en culpa y condenación; ya no tengo que andar por la vida con preocupación y miedo. El precio de una vida en abundancia ya ha sido pagado. Mi libertad está incluida en mi boleto, si tan sólo me levanto para ocupar mi lugar.

DÍA 7:

EL USTED ORIGINAL
QUE DESPIERTA AMOR

VERDAD CLAVE: Sea lo mejor que puede ser, y luego podrá sentirse bien consigo mismo.

PODEMOS ATREVERNOS A SER FELICES CON LO QUE SOMOS AHORA mismo, aceptándonos, con nuestros defectos y todo. Muchas personas no se dan cuenta, pero la raíz de muchos de sus problemas sociales, físicos y emocionales es simplemente el hecho de que no se gustan. Se sienten incómodos con cómo se ven, cómo hablan o cómo actúan. Siempre se están comparando con los demás, deseando ser diferentes. Dicen: «Si tan solo tuviera esta personalidad…», «si fuera tan linda como ella…», «si no tuviera muslos tan gruesos…», «si tuviera menos aquí y más allí, sería feliz».

No, se puede ser feliz con la persona que Dios quiere que seamos, y dejar de desear ser alguien más. Si Dios quisiera que usted se viera como, por ejemplo, una modelo, un galán de cine o un famoso atleta, habría hecho que se viera de ese modo. Si Dios quisiera que tuviera una personalidad diferente, se la habría dado. No se compare con los demás; aprenda a ser feliz con la persona que Dios quiso que sea.

PIENSE EN ESTO: Dios se ocupó muy bien de asegurarse de que cada uno de nosotros sea una obra original. No debemos sentirmos mal porque nuestra personalidad, nuestros gustos, los pasatiempos o hasta las preferencias o proclividad espiritual no sean las mismas que tienen otras personas. Hay gente extrovertida y llena de energía; y hay gente más tímida e introvertida. Hay gente a la que le gusta vestir saco y corbata; otra se siente más cómoda vistiendo jeans. Hay gente que cierra los ojos y eleva las manos al adorar a Dios; otra adora a Dios de manera menos elocuente. ¿Adivine qué? ¡A Dios le gusta todo! A Dios le encanta la variedad.

Aquí debajo, enumere algunas de las cualidades o características que le hacen ser una persona única. Escriba qué es lo que le gusta de su propia persona: sus dones, talentos, atributos espirituales y físicos, pasatiempos o aspectos de su personalidad.

Millones de personas
anhelan la inmortalidad,
aunque no saben qué hacer
un domingo lluvioso
por la tarde.
—*Susan Ertz*

LO QUE DICEN LAS ESCRITURAS

Así que, cada uno someta a prueba su propia obra, y entonces tendrá motivo de gloriarse sólo respecto de sí mismo, y no en otro; porque cada uno llevará su propia carga.

—*Gálatas 6:4-5*

A Jehová he puesto siempre delante de mí; porque está a mi diestra, no seré conmovido.

—*Salmo 16:8*

ORACIÓN PARA HOY

Señor, conoces mis debilidades, las áreas de mi vida y mi mente en las que lucho por creer. Te alabo por seguir refinando estas áreas, dando mayor lucidez a mi mente y fortaleciendo mi corazón para que lata como late el tuyo. Te doy gracias por crearme, a mí. Ayúdame a darme cuenta de que a tus ojos soy un tesoro. Te doy gracias por derramar sobre mí tu misericordia, tu gracia y tu favor para mi vida. ¡Solamente tú eres digno de alabanza!

_____

_____

_____

_____

_____⌘_____   _____

Hay grandes hombres que   _____
hacen sentir pequeños a todos
los demás. Pero el hombre   _____
verdaderamente grande es
aquel que hace que todos   _____
los demás también se
sientan grandes.   _____
—*G. K. Chesterton*
_____⌘_____   _____

_____

_____

_____

_____

_____

_____

_____

VERDAD DE BOLSILLO: Tendré plena confianza en la persona que soy. No andaré por la vida fingiendo, deseando ser alguien más, intentando encajar en los moldes ajenos. Soy libre para correr mi propia carrera.

PASO TRES:

Descubra el poder de sus pensamientos y palabras

DÍA 1:

UN RÍO NUEVO

VERDAD CLAVE: Cuando tenga pensamientos positivos y excelentes, sentirá el impulso hacia la grandeza.

CUANDO SUS PENSAMIENTOS HAN ESTADO FLUYENDO EN DETERMINADA dirección durante un largo período de tiempo es como si hubiera estado usted cavando el lecho de un río para que el agua vaya en una sola dirección. Con cada pensamiento pesimista, está usted cavando un poco más profundo. La corriente se acelera y se hace cada vez más fuerte. Después de un tiempo, el agua fluye con tal fuerza que todo pensamiento que provenga del río será negativo porque esa es la única dirección en que va la corriente. Ha programado su mente para que piense de forma negativa.

Afortunadamente, es posible cavar un río nuevo, que vaya en la dirección correcta. La manera de lograrlo es con un pensamiento a la vez. Cuando uno enfatiza la Palabra de Dios y comienza a ver lo mejor en cada situación, poco a poco, de a un pensamiento a la vez, está redirigiendo la corriente del agua en ese río. Al principio, sólo parte del agua irá hacia allí y llenará el arroyo de pensamientos positivos. Quizá no parezca mucho, pero si continúa rechazando los pensamientos negativos y redirige la corriente, eligiendo la fe en lugar del miedo, esperando cosas buenas y controlando su vida de pensamiento, entonces la corriente negativa se debilitará y estará fortaleciéndose la corriente positiva. Si continúa haciendo esto, eventualmente el viejo río negativo se secará y descubrirá usted que fluye un río completamente nuevo, lleno de pensamientos ricos, de victoria.

Seamos realistas. El río de pensamientos negativos no se formó en un día, así que tampoco podrá de la noche a la mañana redirigirlo y hacer un enorme esfuerzo conciente. Dios le ayudará, pero es usted quien tiene que tomar decisiones de calidad cada día, eligiendo lo bueno y rechazando lo malo. Decida mantener su mente en las cosas buenas de Dios.

Nuestros pensamientos tienen un poder tremendo. Recuerde, atraemos hacia nuestra vida las cosas en las que pensamos constantemente. Si siempre pensamos en lo negativo, entonces atraeremos personas, experiencias y actitudes negativas. Si siempre hacemos hincapié en nuestros miedos, lo único que lograremos es atraer más miedo. Está usted estableciendo la corriente y dirección de su vida con sus pensamientos.

PIENSE EN ESTO: ¿Cómo podría discernir si un pensamiento proviene de Dios, su propia mente o el enemigo? Es fácil. Si es un pensamiento negativo, proviene del enemigo. Si es desalentador y destructivo, si trae miedo, preocupación, duda o falta de fe, si debilita el pensamiento y le hace sentir inseguro, puedo garantizarle que no viene de Dios. Necesitará atender esto inmediatamente. En el espacio que hay debajo anote al menos uno de los pensamientos negativos que constantemente resurgen en su mente. Y debajo de éste, escriba en letras mayúsculas: «ESTOS PENSAMIENTOS NO PROVIENEN DE DIOS». Ahora, comience una nueva lista de pensamientos positivos y sinceros, con ideas que elija pensar constantemente para reemplazar las negativas.

_____

_____

_____

_____

_____

_____

> No vayas donde te lleve el camino. Ve donde no hay camino, y traza un sendero.
>
> —*Ralph Waldo Emerson*

_____

_____

_____

_____

_____

_____

LO QUE DICEN LAS ESCRITURAS

En cuanto a la pasada manera de vivir, despojaos del viejo hombre, que está viciado conforme a los deseos engañosos, y renovaos en el espíritu de vuestra mente, (con nueva actitud mental y espiritual), y vestíos del nuevo hombre, creado según Dios (a su imagen) en la justicia y santidad de la verdad.

—*Efesios 4:22-24*

Porque cual es su pensamiento en su corazón, tal es él.

—*Proverbios 23:7*

Porque las armas de nuestra milicia no son carnales, sino poderosas en Dios para la destrucción de fortalezas, derribando argumentos y toda altivez que se levanta contra el conocimiento de Dios, y llevando cautivo todo pensamiento a la obediencia a Cristo.

—*2 Corintios 10:4-5*

ORACIÓN PARA HOY

Padre, siento gran entusiasmo por el día de hoy. Este es un día que tú has hecho. Voy a regocijarme y alegrarme en él. Dios, sé que tú recompensas a quienes te buscan, así que te agradezco de antemano por tus bendiciones, tu favor y victoria en mi vida. Gracias por asegurar mi éxito. Gracias porque tengo tu bendición y nada podrá maldecirme.

Cambia tus pensamientos
y cambiarás tu mundo.
—*Norman Vincent Peale*

VERDAD DE BOLSILLO: Hoy tomaré la decisión de mantener mi mente enfocada en cosas más elevadas. No sucederá automáticamente. Debo tener decisión y hacer mi esfuerzo para poder concentrar mis pensamientos en las cosas buenas de Dios.

DÍA 2:

DIOS CREE EN USTED

VERDAD CLAVE: No hay tal cosa como el lado oscuro de la luna con nuestro Dios.

SI PUDIERA TAN SOLO ECHAR UN VISTAZO A LA GRAN CONFIANZA QUE Dios tiene en usted nunca más se encogería sintiéndose inferior o acomplejado. Se levantaría con toda valentía. Cuando sabemos que alguien a quien respetamos confía en nosotros, esto suele inspirarnos a creer más en nosotros mismos. Y la mayoría de las veces, nos levantaremos para hacer frente a la situación y cumplir con las expectativas de esa persona.

El enemigo que hay en su mente dice que usted no tiene lo que hace falta. Dios dice que sí lo tiene. ¿A quién le creerá usted? El enemigo dice que usted no puede tener éxito. Dios dice que usted todo lo puede en Cristo que le fortalece. El enemigo dice que jamás se librará de sus deudas. Dios dice no sólo que saldrá de sus deudas, sino que podrá prestar en lugar de pedir prestado. El enemigo dice que jamás se curará. Dios dice que Él está restaurando su salud. El enemigo dice que jamás logrará usted demasiado. Dios dice que le levantará y hará que su vida tenga significado y sentido. El enemigo dice que sus problemas son demasiado grandes, que no hay esperanza. Dios dice que Él resolverá sus problemas, y que además los revertirá para utilizarlos en su beneficio.

PIENSE EN ESTO: Amigo, amiga, comience a creer en lo Dios dice de usted y comience a tener los pensamientos de Dios. Los pensamientos de Dios le llenarán de fe, esperanza y victoria. Los pensamientos de Dios le edificarán y alentarán. Le darán la fuerza que necesita para poder seguir avanzando. Los pensamientos de Dios le darán la mentalidad de "yo puedo hacerlo". Lea los pasajes de las Escrituras de esta sección, y medite en ellos. Luego, responda a estas verdades en el espacio que hay a continuación.

Si piensas en desastre,
eso obtendrás.
Piensa en tu muerte,
y estarás acelerándola.
Piensa positivo,
con dominio, confianza y fe,
y la vida se hará más segura,
llena de acción,
más rica en logros
y experiencia.
—*Eddie Rickenbacker*

_____

_____

_____

_____

_____

_____

_____

_____

_____

_____

LO QUE DICEN LAS ESCRITURAS

Poned la mira en las cosas de arriba, no en las de la tierra.

—Colosenses 3:2

Por lo demás, hermanos, todo lo que es verdadero, todo lo honesto, todo lo justo, todo lo puro, todo lo amable, todo lo que es de buen nombre; si hay virtud alguna, si algo digno de alabanza, en esto pensad. Lo que aprendisteis y recibisteis y oísteis y visteis en mí, esto haced; y el Dios de paz estará con vosotros.

—Filipenses 4:8-9

ORACIÓN PARA HOY

Señor, te doy gracias eternamente porque me amas tal como soy. Cuando empiezo a pensar en lo que el mundo dice que soy, cuando comienzo a permitir que los pensamientos negativos del enemigo invadan mi mente, por favor recuérdame que tú no crees en esas mentiras. Crees en mí. No te importa si mi árbol genealógico no es impresionante o si tengo éxito según los parámetros de la sociedad ¡Tú crees que soy especial! Aumenta mi fe para que me vea como tú me ves, para creer la verdad que tú has hablado para mi vida, y para vivir esperando siempre que me des lo mejor.

Echa todas tus
preocupaciones sobre Dios;
es un ancla firme.
—*Alfred, Lord Tennyson*

VERDAD DE BOLSILLO: Ahora que entiendo cuánto cree Dios en mí, nada podrá impedir que cumpla mi destino.

DÍA 3:

TODO DEPENDE DEL PROGRAMA

VERDAD CLAVE: Dios lo creó a usted, y lo programó para la victoria.

Su mente se asemeja a una computadora. Lo que programe decidirá cómo funcionará. Piense en esto: puede tener la más maravillosa computadora del mundo pero si le instala el programa incorrecto o ingresa información errónea, jamás funcionará según la intención del fabricante.

Y más aún, ahora tenemos miles y miles de virus informáticos en el ciberespacio, al acecho, esperando la oportunidad para destruir su disco duro y la información almacenada en su computadora. Estos virus pueden entrar en una computadora que funciona perfectamente y comenzar a contaminar los programas. En poco tiempo, la computadora funcionará más lentamente o ya no funcionará bien. Por lo general, estos problemas no suceden porque la computadora sea defectuosa, sino porque ha habido un cambio de programas, alguien contaminó programas buenos y valiosos o la información que contienen.

Dios lo creó a usted a su imagen y semejanza. Antes de siquiera usted formarse, Él lo programó para que tuviera vida en abundancia, para que fuera feliz, una persona sana y plena. Sin embargo, con demasiada frecuencia permitimos que las palabras, los pensamientos y otros virus negativos tengan acceso a nuestra mente y cambien sutilmente nuestro «programa», corrompiendo nuestra información y valores. Cuando esto sucede, nuestros pensamientos se ven impedidos porque ya no están alineados con la Palabra de Dios. Cometemos graves errores y tomamos decisiones incorrectas. Vamos por la vida con la autoestima por el suelo, con preocupaciones, miedos, sentimientos de inseguridad o inferioridad. Y para empeorar las cosas, contagiamos estas actitudes negativas a los demás.

Cuando vea que le suceden estas cosas, tendrá que reprogramar su computadora. Tendrá que cambiar sus pensamientos. Entienda que no se trata de un defecto suyo. Dios lo ha creado y programado para la victoria. Pero no es sino hasta que sus pensamientos estén en línea con el manual del dueño, la Palabra de Dios, que podrá operar al nivel de su máximo potencial.

PIENSE EN ESTO: Cuando está siempre sintiendo preocupación, molestias, depresión, en realidad, lo que está haciendo es demorar a Dios, quien desea enviarle victoria. Dios obra allí donde hay una actitud de fe. Jesús dijo: «Para el que cree, todas las cosas son posibles» y lo opuesto, también es cierto. Si está pasando por momentos difíciles en su vida, y si no siente que es capaz de mantener una actitud positiva —algo que puede suceder a veces— haga un esfuerzo conciente por lograrlo, sabiendo que cada minuto dedicado a una actitud negativa es un minuto en el que Dios no puede obrar para ayudarle en su situación. ¿Cuál es la situación que hoy le parece imposible, que decidirá entregar hoy a Dios, con la confianza en su capacidad para traer le victoria? Anote la situación aquí:

_____

_____

_____

_____

_____

_____

_____

_____

_____

_____

_____

_____

> Todas las noches le entrego
> mis preocupaciones a Dios.
> De todos modos,
> Él siempre se mantiene
> despierto toda la noche.
> —*Mary C. Crowley*

LO QUE DICEN LAS ESCRITURAS

Tú guardarás en completa paz a aquel cuyo pensamiento en ti persevera; porque en ti ha confiado.

—*Isaías 26:3*

Considerad a aquel que sufrió tal contradicción de pecadores contra sí mismo, para que vuestro ánimo no se canse hasta desmayar.

—*Hebreos 12:3*

Jehová os dice así: No temáis ni os amedrentéis delante de esta multitud tan grande; porque no es vuestra la guerra, sino de Dios.

—*2 Crónicas 20:15*

ORACIÓN PARA HOY

Padre, hoy ayúdame a permanecer en una actitud de fe, sabiendo que tú estás preparando el camino para mí. Quizá no vea con mis ojos naturales lo que estás haciendo, pero no permitiré que eso me desaliente, porque creo que estás obrando. Tú ya estás trayendo victoria en este momento sobre las situaciones difíciles de mi vida. Gracias, Dios.

> Lo que somos, es regalo
> de Dios para nosotros.
> Aquello que llegamos a ser,
> es nuestro regalo a Dios.
> —*Eleanor Powell*

VERDAD DE BOLSILLO: Me niego a retroceder en mi fe. Voy hacia adelante con Dios. Mantendré mi enfoque y esperanza, sabiendo que Dios pelea mis batallas por mí. Voy a ser la persona que Dios quiere que sea.

DÍA 4:

MILAGRO EN SUS LABIOS

VERDAD CLAVE: Lo que diga usted en medio de sus dificultades tendrá gran impacto en la cantidad de tiempo que tendrá que permanecer en esa situación.

José Lima se destacó como lanzador con los Astros de Houston durante varios años a finales de la década de 1990. José es un jugador extrovertido, lleno de energía, que suele exudar una actitud positiva. Sin embargo, cuando los Astros construyeron su nuevo estadio, hoy llamado Minute Maid Park, José se sintió molesto. El cerco del campo izquierdo estaba mucho más cerca que el del Astrodomo. De hecho, el Minute Maid Park tiene una de las distancias más cortas desde la casa al cerco del campo izquierdo entre todos los estadios de la Liga de Mayores de Béisbol. Los bateadores están muy contentos, pero el campo izquierdo más corto les dificulta el juego a los lanzadores, sobre todo si juegan contra bateadores diestros que suelen pegar hacia la izquierda.

La primera vez que José Lima entró en el nuevo diamante, se encaminó hasta el montículo del lanzador, y cuando miró el campo notó inmediatamente la proximidad del cerco del campo izquierdo. "Jamás podré lanzar aquí", dijo.

La siguiente temporada, a pesar del entusiasmo de sus seguidores y la emoción de jugar en un estadio nuevo, José tuvo el peor año de su carrera. Cayó de ser el ganador de veinte juegos, a ser el perdedor de dieciséis en temporadas consecutivas. Jamás en la historia de los Astros había sucedido esto con un lanzador.

¿Qué había sucedido con José? Lo mismo que nos pasa a muchos todos los días, pues, nos pasa lo que decimos. Nuestras palabras tienen un poder tremendo, y nos guste o no, les infundimos vida, sean buenas o malas.

PIENSE EN ESTO: La Biblia nos dice con claridad que les hablemos a nuestras montañas. Quizá su montaña sea la enfermedad o una relación en problemas. Quizá su montaña sea un negocio que se va a pique. Sea cual fuere su montaña, tendrá que hacer más que sólo pensar en ella, más que orar por ella. Tendrá que hablarle a ese obstáculo. La Biblia dice: «Diga el débil: fuerte soy. Diga el oprimido: libre soy. Diga el enfermo: sano soy. Diga el pobre: próspero soy» (ver Joel 3:10; Lucas 4:18; Isaías 40:29; Salmo 22:26).

¡Deje de hablarle a Dios sobre lo grandes que son sus montañas, y comience a decirle a sus montañas cuán grande es su Dios! En el espacio que hay debajo, comience a hablarle a sus montañas.

_____

_____

_____

_____

_____

_____

_____

_____

_____
_____
_____
_____
_____

> La gente ve a Dios todos
> los días. Lo que pasa es
> que no lo reconocen.
> —*Pearl Bailey*

_____
_____
_____
_____
_____
_____
_____
_____

LO QUE DICEN LAS ESCRITURAS

La lengua es un miembro pequeño, pero se jacta de grandes cosas.

—*Santiago 3:5*

Respondiendo Jesús, les dijo: Tened fe en Dios... os digo que todo lo que pidiereis orando, creed que lo recibiréis, y os vendrá.

—*Marcos 11:22-24*

ORACIÓN PARA HOY

Padre, ya no quiero más quejas, protesta, incertidumbre ni lloriqueo. Ya no quiero miedo, preocupación, sentimientos de inferioridad ni miseria. Perdóname por mi fe anémica, débil, y ayúdame a librarme de las palabras negativas de esos pensamientos desalentadores. Renueva mi mente, dándome la capacidad de hablar palabras de bendición y sanación sobre mi vida y la vida de los demás. Recuérdame tu poder cada día, y en tu gracia permite que esas palabras de bendición den sus frutos.

_____

_____

_____

_____

_____

_____

_____

_____

_____

_____

_____

_____

VERDAD DE BOLSILLO: Soy valioso. Recibo amor. Dios tiene un gran plan para mi vida. Tengo favor dondequiera que vaya. Las bendiciones de Dios van conmigo donde esté. Con esto en mente, me atrevo a hablar positivamente sobre toda situación que enfrente.

DÍA 5:

DIOS ESPERA OÍR SU PALABRA

VERDAD CLAVE: No es suficiente con evitar palabras negativas. Hay que estar a la ofensiva.

EN 1981, A MI MADRE LE DIAGNOSTICARON CÁNCER, Y LE DIJERON que su expectativa de vida era de sólo unas semanas. La ciencia médica había llegado al límite de lo que podía hacer. Los mejores y más brillantes doctores del mundo habían agotado sus esfuerzos, así que sencillamente enviaron a mamá a casa para que muriera allí.

Sin embargo, servimos a un Dios sobrenatural. A Él no lo limitan las leyes de la naturaleza. Él puede hacer lo que los seres humanos no podemos. Él puede abrir un camino en su vida allí donde parece no haber salida. Eso fue lo que oramos y pedimos que hiciera en la vida de mi madre.

Y mamá jamás se dio por vencida. No se quejaba por lo enferma o débil que se sentía o por lo desesperado de su situación. No. Comenzó a hablar palabras llenas de fe. Comenzó a reclamar su salud para que viniera a ella. Durante todo el día, la oíamos andar por la casa diciendo en voz alta: «Viviré y no moriré, y declararé las obras del Señor». ¡Era como una Biblia ambulante!

Mamá mezclaba sus propias palabras con las de Dios, y comenzó a suceder algo muy potente. Sus circunstancias empezaron a cambiar. No de la noche a la mañana, sino poco a poco. Se sentía mejor cada vez. Volvió a sentir apetito y a aumentar de peso. Sin prisa, pero sin pausa, recuperó las fuerzas

¿Qué estaba pasando? Dios estaba guardando su palabra para cumplirla.

PIENSE EN ESTO: Así como es imperativo que nos veamos como nos ve Dios y nos consideremos como Dios nos considera, es también igualmente importante que digamos de nosotros lo que Dios dice. Nuestras palabras son vitales para que nuestros sueños se hagan realidad. No basta con ver nuestro sueño en la fe o nuestra imaginación. Hay que empezar a hablar palabras de fe sobre nuestra vida. Sus palabras tienen enorme poder creativo. Apenas pronuncia algo, está haciéndolo nacer. Este es un principio espiritual y funciona tanto para lo malo como para lo bueno que se diga, para lo positivo y lo negativo por igual.

Dios nos dio cientos de promesas no solamente para que las leamos y disfrutemos, sino para que también las declaremos con valentía, de modo que nos traigan victoria, salud, esperanza y vida en abundancia. En el espacio abajo, comience a hablar (escribir) la Palabra de Dios, mezclada con sus propias palabras para confirmar la verdad de la Biblia en su propia vida.

_____

_____

_____

_____

_____

_____

_____

_____

_____

_____

_____   ~≈~   _____

_____

_____   Dios no puede darnos
                               felicidad y paz separados
_____   de Él, porque no es allí
                               donde están. No hay tal cosa.
_____   —*C. S. Lewis*

_____   ~≈~   _____

_____

_____

_____

LO QUE DICEN LAS ESCRITURAS

Mas ¿qué dice? Cerca de ti está la palabra, en tu boca y en tu corazón. Esta es la palabra de fe que predicamos: que si confesares con tu boca que Jesús es el Señor, y creyeres en tu corazón que Dios le levantó de los muertos, serás salvo. Porque con el corazón se cree para justicia, pero con la boca se confiesa para salvación.

—*Romanos 10:8-10*

Nuestra alma espera a Jehová; nuestra ayuda y nuestro escudo es él.

—*Salmo 33:20*

ORACIÓN PARA HOY

Padre, te doy gracias porque soy fuerte en el Señor y el poder de tu potencia. Soy capaz de hacer aquello para lo que me has llamado. Me has llamado a_____, y hoy voy a _____. Has prometido estar conmigo para fortalecerme, para hacer que tenga éxito, y yo caminaré con toda valentía en el poder de tu verdad, hablando tu Palabra sobre mis situaciones.

_____

_____

_____

_____

La acción no surge del pensamiento, sino de la disposición a ser responsables.
—*Dietrich Bonhoeffer*

VERDAD DE BOLSILLO: Cuando declaro con valentía las promesas que Dios me dio en su Palabra, cuando me atrevo a creerlas y reclamarlas para mí, todo el cielo se levanta en atención para respaldar la Palabra de Dios.

DÍA 6:

LEGADO DE BENDICIÓN

VERDAD CLAVE: Nuestras palabras afectan el futuro de nuestros hijos, para bien o para mal.

COMO PADRES, PODEMOS INFLUIR PROFUNDAMENTE EN EL RUMBO DE la vida de nuestros hijos mediante lo que les digamos. Creo que como esposos y esposas podemos establecer el rumbo para toda nuestra familia. Como propietario de un negocio, usted puede ayudar a establecer el rumbo de sus empleados. Con nuestras palabras, tenemos la capacidad de ayudar a moldear y dar forma al futuro de todo el que esté bajo nuestra influencia.

Y cada uno de nosotros influye sobre otras personas. Quizá no se considere usted líder, pero tiene una esfera de influencia de todos modos; hay alguien o un grupo de personas que siente admiración por usted. Aún siendo adolescentes, podemos tener quien valore nuestra opinión. Es vital que hablemos lo bueno sobre la vida de nuestros hijos. Esto no significa que jamás estemos en desacuerdo con ellos o que no tengamos que corregirlos. Sin embargo, el tenor general de nuestras conversaciones con nuestros hijos, nuestras palabras hacia ellos y acerca de ellos, debieran ser bendiciones positivas.

Una madre bien intencionada solía decirle siempre a su hijo: "Eres muy holgazán. ¡Jamás podrás lograr nada! Si no te enderezas, jamás lograrás entrar en la universidad. Probablemente te metas en problemas".

Este tipo de palabras negativas destruirá a una persona más rápido de lo que podemos imaginar. No podemos hablar negativamente sobre alguien por un lado y luego esperar que esa persona sea bendecida. Si quiere usted que su hijo o hija sea productivo y exitoso, entonces tiene que comenzar a declarar sobre sus hijos palabras de vida y no predicciones de desastre o mal destino. Las Escrituras nos recuerdan que con nuestras palabras podemos bendecir o maldecir a las personas. Hoy, decida bendecir a quienes le rodean con sus palabras.

PIENSE EN ESTO: ¿Qué legado está dejándole a la nueva generación? No alcanza sólo con pensarlo; tiene que pronunciarlo. Una bendición no es tal si no la decimos. Sus hijos (y todos los niños que hay en su vida) necesitan oír que diga usted palabras como: «Te amo. Creo en ti. Creo que eres excelente. No hay nadie como tú. Eres único». Necesitan oír su aprobación. Necesitan sentir su amor. Necesitan su bendición. Y aún si sus hijos ya son grandes, jamás es tarde para comenzar.

Piense en su propia infancia. ¿Hubo palabras de aceptación y aprobación en su vida, o palabras negativas y desalentadoras? ¿De qué modo dieron forma esas palabras a la persona que es usted hoy?

_____

_____

_____

_____

_____

_____

_____

> Las palabras son, por
> supuesto, la droga más
> poderosa jamás utilizada
> por la humanidad.
> —*Rudyard Kipling*

LO QUE DICEN LAS ESCRITURAS

Manzana de oro con figuras de plata es la palabra dicha como conviene.

—*Proverbios 25:11*

De una misma boca proceden bendición y maldición. Hermanos míos, esto no debe ser así.

—*Santiago 3:10*

ORACIÓN PARA HOY

Padre celestial, ayúdame a utilizar la poderosa herramienta del habla para ofrecer palabras de amabilidad y bendición a mi cónyuge, mis hijos, mis padres, mis amigos, mis compañeros de trabajo y hasta a los extraños con quienes me cruzo cada día. Hay tantas personas dolidas que sufren en el mundo, que jamás han oído siquiera una palabra de bendición hablada sobre sus vidas. Te pido que hagas que yo sea quien diga esa palabra, para declarar tu bendición, bondad y favor.

_____

_____

_____

_____

_____

_____

_____

Las sílabas gobiernan
el mundo.
—*John Selden*

VERDAD DE BOLSILLO: Dejaré un legado de bendición. Comenzaré a hacerlo hoy mismo.

DÍA 7:

ATRÉVASE A DECLARAR

VERDAD CLAVE: Una bendición no es bendición hasta que se pronuncie.

DEBE COMENZAR A DECLARAR LA BONDAD DE DIOS EN SU VIDA. Comience a declarar con valentía: «El rostro de Dios me sonríe y Él quiere ser bueno conmigo». Esto no es ser fanfarrón. Así es como dice Dios que seremos bendecidos: cuando comenzamos a declarar su bondad. Permítame efectuar algunas declaraciones en su vida:

- Declaro que tiene usted la bendición de la sabiduría sobrenatural de Dios y una clara dirección para su vida.
- Declaro que tiene la bendición de la creatividad, la valentía, la capacidad y la abundancia.
- Declaro que tiene la bendición de la fuerza de voluntad, el dominio propio y la disciplina propia.
- Declaro que tiene la bendición de una gran familia, buenos amigos, buena salud, fe, favor y plenitud.
- Declaro que tiene la bendición del éxito, de la fuerza sobrenatural, del progreso y la protección divina.

- Declaro que tiene la bendición de un corazón obediente y una perspectiva optimista en la vida.
- Declaro que cualquier maldición que se haya pronunciado sobre usted, toda palabra negativa que se haya dicho respecto de usted, se anule en este mismo momento.
- Declaro que tiene la bendición en su ciudad, en el campo, al salir y entrar.
- Declaro que todo lo que obren sus manos tendrá prosperidad y éxito.
- ¡Declaro que es una persona bendecida!

Le insto a recibir estas palabras, meditarlas y dejar que entren en su corazón y mente, hasta lo más profundo para hacerse realidad en su vida.

PIENSE EN ESTO: Recuerde que si hace su parte y comienza a pronunciar con valentía bendiciones sobre su vida y la de los que le rodean, Dios le brindará todo lo que necesita para vivir la vida de abundancia que Él quiere que viva.

En el espacio debajo, practique escribir bendiciones similares sobre su familia, sus amigos y su futuro. Si no puede hacerlo todavía, tome una de las bendiciones que declaré y asígnela a una persona determinada (incluyéndose también). Luego lea sus bendiciones en voz alta.

Por ejemplo: «Declaro que toda palabra negativa o mala pronunciada sobre mi amigo/a_____se anula en este mismo momento».

_____

_____

_____

_____

_____

_____

_____

_____

_____   ―――――――❧――――――

_____   Siempre conviene dejar
                               de desear algo durante el
_____   tiempo suficiente como
                               para poder disfrutar de la
_____   fragancia de lo que está
                               floreciendo ahora.
_____   —*Patrice Gifford*

_____   ――――――❧――――――

_____

_____

_____

_____

LO QUE DICEN LAS ESCRITURAS

Jehová es mi luz y mi salvación; ¿de quién temeré? Jehová es la fortaleza de mi vida; ¿de quién he de atemorizarme?

—*Salmo 27:1*

Porque con el corazón se cree para justicia, pero con la boca se confiesa para salvación. Pues la Escritura dice: Todo aquel que en él creyere, no será avergonzado.

—*Romanos 10:10-11*

ORACIÓN PARA HOY

Padre, declaro tu favor y tu bondad en mi vida, como tú me instruiste a hacerlo. Ayúdame a ser el tipo de persona que deja una herencia de bendición en la vida de quienes hoy se crucen en mi camino.

_____

_____

_____

_____

> Por cierto debemos contar
> nuestras bendiciones,
> pero además tenemos
> que hacer que nuestras
> bendiciones cuenten.
> —*Neil A. Maxwell*

_____

_____

_____

_____

VERDAD DE BOLSILLO: Cuando declaro la bondad de Dios en mi vida y la de quienes me rodean, afirmo mi confianza en Él para cumplir su Palabra.

PASO CUATRO:

Deje atrás el pasado

DÍA 1:

CAMBIE DE CANAL

VERDAD CLAVE: Tome lo que Dios le ha dado y aprovéchelo al máximo.

VIVIMOS EN UNA SOCIEDAD A LA QUE LE ENCANTA PONER EXCUSAS, Y una de nuestras frases favoritas es: «No es culpa mía». Sin embargo, en verdad si estamos amargados y resentidos, es porque nos permitimos permanecer en ese estado. A todos nos han sucedido cosas negativas. Si buscamos lo suficiente, podemos encontrar con facilidad motivos para tener siempre una piedra en el zapato. Todos podemos inventar excusas y culpar el pasado por alguna actitud, decisión o el mal humor.

Quizá tenga usted razones válidas. Quizá haya pasado por cosas que nadie merece pasar en la vida, como el abuso físico, verbal, sexual o emocional. Quizá haya luchado por vencer una enfermedad crónica o algún otro problema físico irreparable. Quizá alguien se haya aprovechado de usted en los negocios y le hizo perder la camisa además de su autoestima. Son todas experiencias horribles que nadie debería tener que soportar, pero si quiere vivir en victoria no puede usar las heridas emocionales del pasado como excusa para tomar decisiones pobres el día de hoy.

Tiene que aprender a dejar atrás el pasado, a dejar de lado sus excusas (y hasta las razones válidas), y ya no sentir autocompasión. Es hora de librarse de la mentalidad de víctima. Deje de comparar su vida con la de alguien más y deje de pensar en lo que podría, debería o querría haber sido. Deje de preguntarse: "¿Por qué esto? o ¿Por qué aquello? o ¿Por qué a mí?".

No puedo hacer nada con respecto a lo que ya le ha pasado, pero usted sí puede elegir cómo enfrentar lo que vendrá. No se aferre a los sentimientos de amargura y resentimiento, dejando que envenenen su futuro. Deje atrás estas emociones y penas. Perdone a los que le hayan hecho mal. Perdónese los errores que haya cometido también.

PIENSE EN ESTO: Todos sabemos cómo usar el control remoto de la TV para cambiar de canal. Si veo algo que no me gusta, no hay problema: cambio de canal. Necesitamos aprender cómo cambiar de canal mental cuando surgen inesperadamente las imágenes negativas del pasado.

En el espacio que hay debajo, cree un nuevo canal de TV para su mente. Quizá el canal de Grandes Éxitos, donde se vea disfrutando de la concreción de un proyecto largamente demorado. Ahora programe este canal con recuerdos positivos para reemplazar los que está dejando detrás. Asegúrese de borrar el canal de Grandes Fracasos del Pasado y el de Corazones Rotos.

_____

_____

_____

_____

_____

_____

_____

_____

_____   ⟨———————⟩

_____   Cuando se cierra una puerta,
hay otra que se abre. Pero
_____   muchas veces nos quedamos
mirando la puerta cerrada
_____   durante tanto tiempo y con
tanta pena que no vemos
_____   la que se abre delante de
nosotros.
_____   *—Alexander Graham Bell*

_____   ⟨———————⟩

_____

_____

_____

_____

LO QUE DICEN LAS ESCRITURAS

Cuando Jesús lo vio acostado, y supo que llevaba ya mucho tiempo así, le dijo: ¿Quieres ser sano?

—Juan 5:6

Venid a mí todos los que estáis trabajados y cargados, y yo os haré descansar

—Mateo 11:28

ORACIÓN PARA HOY

Querido Padre, perdóname si te he culpado por los pesares y pérdidas en mi vida. Perdóname por las veces en que me enojé cuando no me parecía justo lo que me pasaba. Sé ahora que nunca seré verdaderamente feliz mientras albergue amargura en mi corazón. Ya no quiero sentir autocompasión. Por favor, ayúdame a dejar atrás la ira y amargura que habían surgido en mi vida, y trabaja en el suelo de mi corazón para que esas semillas ya no puedan volver a geminar. Gracias, Señor, por tu misericordia y por reenfocar mi corazón y mente hacia tu bondad en mi vida.

> No hay situaciones desesperadas; solamente hay personas que se vuelven desesperadas ante una situación.
> —*Clare Boothe Luce*

VERDAD DE BOLSILLO: Hoy tomo el control remoto de mi mente y cambio de canal. Ya no me concentraré en el dolor o el fracaso de mi pasado, sino en el brillante y hermoso futuro que tengo con Dios a partir de hoy.

DÍA 2:

¡ARRIBA Y ADELANTE!

VERDAD CLAVE: Para dejar de vivir en el pasado, para tener salud mental, física y espiritual, tendrá que avanzar hacia su futuro.

EN LA BIBLIA LEEMOS QUE HABÍA UN HOMBRE EN JERUSALÉN QUE había sido inválido durante treinta y ocho años. Pasaba cada uno de los días de su vida echado sobre una esterilla junto al pozo de Betesda, con la esperanza de que sucediera un milagro. El hombre tenía un problema físico muy grave y de larga data.

Muchas personas hoy tienen problemas de larga data. Quizá no sean dolencias físicas, pero pueden ser emocionales y graves de larga data también. Como en la historia de Juan 5 sobre el inválido junto al pozo de Betesda, hay personas que año tras año esperan un milagro, un evento importante que haga que las cosas cambien para bien.

Un día, Jesús vio a este hombre echado allí y necesitado de ayuda. Obviamente era inválido, pero Jesús le preguntó sencilla y directamente: «¿Quieres sanar?». La respuesta del hombre es interesante. Comenzó a enumerar todas sus excusas: "Estoy solo. No tengo quién me ayude. Me han abandonado. Siempre me dejan atrás. No tengo oportunidad alguna en la vida". ¿Ha de extrañarnos que estuviera en esa condición durante treinta y ocho años? Jesús ni siquiera respondió a sus tristes palabras. No dijo: "Sí, amigo. Te ha ido muy mal. Déjame acompañarte en tu dolor y pena".

No. Jesús lo miró y dijo: "Si de veras quieres sanar, si de veras quieres poner tu vida en orden, si de veras quieres salir de este desastre, te diré lo que debes hacer: Levántate, toma tu esterilla y anda". Cuando el hombre hizo lo que le había dicho Jesús, ¡sanó milagrosamente!

PIENSE EN ESTO: Si de veras quiere ponerse bien. Si de veras quiere salud física y emocional, debe levantarse y andar. Ya no mienta más con sentimientos de autocompasión. Ya no ponga más excusas. Deje de culpar a las personas o las circunstancias que le han pasado una mala jugada y defraudado. En cambio, comience a perdonar a quienes le hicieron mal.

Haga una lista de personas de quienes necesita perdón y a quienes necesita perdonar. Brevemente, describa la situación en relación con cada persona. Cuando haya terminado, haga la oración que está debajo del espacio para su lista.

_____

_____

_____

_____

_____

_____

_____

_____

_____

_____

_____

_____

_____

_____

_____

_____

_____

_____

_____

_____

_____

> ¿No vemos obrar a Dios en nuestras circunstancias? La soberanía de Dios permite que vayan y vengan tiempos de oscuridad. ¿Estamos dispuestos a permitir que Dios haga con nosotros lo que Él desea?...Dios nunca está apurado. Si estamos dispuestos a esperar, veremos que Dios nos indica que hemos estado interesados sólo en sus bendiciones y no en Él mismo.
>
> —*Oswald Chambers*

LO QUE DICEN LAS ESCRITURAS

No juzguéis, y no seréis juzgados; no condenéis, y no seréis condenados; perdonad, y seréis perdonados.

—*Lucas 6:37*

Confesaos vuestras ofensas unos a otros, y orad unos por otros, para que seáis sanados. La oración eficaz del justo puede mucho.

—*Santiago 5:16*

ORACIÓN PARA HOY

Señor, respondo a la pregunta que le hiciste al hombre que estaba junto al pozo: «Sí, ¡quiero sanar!» Quiero librarme de mi amargura y desilusión y comenzar el proceso de dejar el pasado atrás. Señor, oro por la gracia de perdonar a las personas de mi lista, a los que me hicieron mal. Por favor dame el valor para pedir perdón también a las personas a quienes herí. Ayúdame a empezar hoy a dejar atrás mi enojo y resentimiento, albergados durante tanto tiempo en mi corazón, para que pueda sanar emocionalmente. ¡Gracias, Padre, por darme la libertad!

Quien no puede perdonar
a otros, rompe el puente
por el que él mismo tiene
que pasar.
—*Corrie Ten Boom*

VERDAD DE BOLSILLO: Hoy me atreveré a confiar en Dios. Sé que no puedo cambiar la desilusión y la pena de mi pasado, así que ni siquiera lo intentaré. En cambio, permaneceré en una actitud de fe, creyendo que Dios utilizará este dolor para mi bien y que el resultado será aún mejor de lo que habría sido si yo jamás hubiese sufrido.

DÍA 3:

DEJE ATRÁS LA AMARGURA

VERDAD CLAVE: La raíz amarga dará fruto amargo.

Si quiere usted vivir su mejor vida ahora, debe apurarse a perdonar. Aprenda a dejar atrás el sufrimiento y el dolor. No permita que la amargura se arraigue en su corazón. Quizá le haya sucedido algo cuando era más joven, porque alguien lo trató mal o se aprovechó de usted. O quizá alguien lo engañó y quitó la posibilidad de un ascenso en el trabajo. Alguien le mintió. Quizá un buen amigo le haya mentido o traicionado, y tiene buenas razones para sentir enojo y amargura.

Por el bien de su salud física y espiritual, debe dejar atrás su enojo, amargura o ambas cosas. No tiene sentido seguir aferrándose a estos sentimientos. Después de todo, nada puede hacer para cambiar el pasado, aunque sí puede hacer algo para cambiar el futuro. Puede perdonar a las personas que le ofendieron y comenzar a confiar en que Dios le compensará.

Las Escrituras dicen: «Mirad bien, no sea que alguno deje de alcanzar la gracia de Dios; que brotando alguna raíz de amargura, os estorbe, y por ella muchos sean contaminados» (Hebreos 12:15).

Observe que la amargura se describe como raíz; está en el suelo, en lo profundo. Y puede tener la seguridad de que la raíz amarga da fruto amargo. Si en su corazón hay amargura, esto afectará cada una de las áreas de su vida.

Muchas personas intentan enterrar el dolor y la pena en lo profundo de sus corazones o su mente subconsciente. No se dan cuenta, pero gran parte de su confusión interior tiene que ver con el veneno que hay en su corazón. La Biblia dice: «Sobre toda cosa guardada, guarda tu corazón; porque de él mana la vida» (Proverbios 4:23). En otras palabras: si tenemos amargura dentro, terminará contaminando todo lo que salga de nosotros. Contaminará nuestra personalidad, nuestras actitudes y el modo en que tratamos a los demás.

PIENSE EN ESTO: En el espacio que hay aquí, atrévase a ir a lo más profundo. Atrévase a ver cuál es la raíz del fruto. Si alberga ira o enojo, pregúntese por qué. Si le cuesta llevarse bien con los demás, si siempre se comporta de manera negativa con respecto a su propia persona y los demás, atrévase a preguntarse: «¿De dónde proviene este enojo?» Cuando llegue a la raíz, podrá ocuparse del problema, vencerlo, y comenzar a cambiar de veras.

_____

_____

_____

_____

_____

_____

_____

_____

_____

_____

_____

_____

_____

_____

_____

_____

_____

_____

_____

> Cuando perdonamos,
> no estamos cambiando
> el pasado, pero sí el futuro.
> —*Bernard Meltzer*

LO QUE DICEN LAS ESCRITURAS

Mirad bien, no sea que alguno deje de alcanzar la gracia de Dios; que brotando alguna raíz de amargura, os estorbe, y por ella muchos sean contaminados.

—*Hebreos 12:15*

Y perdónanos nuestras deudas, como también nosotros perdonamos a nuestros deudores.

—*Mateo 6:12*

ORACIÓN PARA HOY

Señor, hoy mi oración es la del salmista David: «Y ve si hay en mí camino de perversidad, y guíame en el camino eterno» (Salmo 139:24). Si hay la más mínima partícula de raíz de amargura en mi ser, por favor, arráncala. Si hay la más mínima señal de resentimiento, descontamina mi corazón y deshazte de ella. Sobre todo, quiero complacerte. Revélame todo lo que pudiera evitar sentirme libre.

_____

_____

_____

_____

Si estás sufriendo por el
juicio de un hombre malo,
perdónalo, para que
así no haya dos
hombres malos.
—*San Agustín*

VERDAD DE BOLSILLO: Cuando me aferro al veneno del pasado, a quien único lastimo es a mí mismo. Pero puedo ser completo a través del perdón.

DÍA 4:

DESINTOXICARSE

VERDAD CLAVE: El perdón es la clave de la felicidad.

HACE ALGUNAS DÉCADAS, VARIAS COMPAÑÍAS NORTEAMERICANAS recibieron autorización del gobierno de EE.UU. para enterrar en el suelo sus desechos tóxicos. Llenaron enormes contenedores con sustancias químicas de residuo, los cerraron herméticamente y enterraron profundo en la tierra. Pensaron que con esto el problema estaba terminado. Al poco tiempo, sin embargo, muchos de los contenedores comenzaron tener agujeros y perder el desecho tóxico. El desecho tóxico empezó a aflorar en la superficie y causó todo tipo de problemas. En algunos lugares, terminó con la vegetación y contaminó las reservas de agua. La gente tuvo que mudarse. En una sección cercana a las cataratas del Niágara, conocida como el Love Canal, una cantidad muy poco común de personas comenzó a morir de cáncer y otros males. Muchas comunidades siguen sufriendo hoy los efectos de los desechos tóxicos enterrados en esos días.

¿Qué fue lo que salió mal? Intentaron enterrar algo demasiado tóxico. No se podía contener ni esconder. Pensaron que al enterrarlo se libraban del veneno para siempre. Nunca pensaron que el material que intentaban enterrar era tan poderoso. Si hubieran dispuesto de él de manera adecuada desde un principio, no habrían tenido el terrible problema que los afectó más adelante.

Lo mismo vale para nosotros. Cuando alguien nos lastima, en lugar de dejarlo en el pasado confiando en que Dios nos compensará por ello, a veces enterramos el dolor en lo más profundo de nuestro ser. Y desgraciadamente, así como el desecho tóxico busca resurgir, un día las cosas que hemos escondido en nuestro subconsciente, enterradas en los más recónditos rincones de nuestro corazón, aflorarán y comenzarán a contaminar nuestra vida.

PIENSE EN ESTO: Enfréntelo. No tiene usted fuerza suficiente como para contener los tóxicos de su vida. Necesita que alguien más grande y fuerte que usted le ayude. Es por eso que necesita entregarle a Dios toda la amargura, el resentimiento y los demás contaminantes. El perdón es la clave para poder ser libres de la amargura venenosa.

En el espacio que hay debajo, explore los desechos tóxicos que han aflorado en su vida. Escriba cuándo y por qué enterró estos desechos ¿De qué manera han afectado su vida? ¿De qué modo se ocupará de ellos en este momento?

_____

_____

_____

_____

_____

_____

_____

_____

_____

_____

_____

_____

_____

_____

_____

_____

_____

_____

> La amargura y la angustia
> están en la profundidad de
> todas las cosas. Este es el
> gemido de las criaturas del
> que habla San Pablo.
> Sin embargo, en nosotros
> la creación descansa de su
> angustia si nuestros
> corazones descansan
> en Dios.
> —*Ernesto Cardenal*

_____

_____

LO QUE DICEN LAS ESCRITURAS

Quítense de vosotros toda amargura, enojo, ira, gritería y maledicencia, y toda malicia. Antes sed benignos unos con otros, misericordiosos, perdonándoos unos a otros, como Dios también os perdonó a vosotros en Cristo.

—*Efesios 4:31-32*

Bueno es Jehová para con todos, y sus misericordias sobre todas sus obras.

—*Salmo 145:9*

ORACIÓN PARA HOY

Padre, no tengo la fuerza necesaria como para contener todo lo tóxico de mi vida. Mi obstinación no me permite dejar todo esto en el pasado. Necesito tu ayuda. Líbrame de la amargura, el resentimiento y demás contaminantes que hayan aflorado en mi vida luego de años de estar escondido bajo la superficie.

No permitiré que nadie empequeñezca o degrade mi alma haciendo que lo odie.
—*Booker T. Washington*

VERDAD DE BOLSILLO: El perdón es la llave hacia la libertad. Hoy pediré perdón y lo otorgaré de buena gana sin que nadie me lo pida.

DÍA 5:

LIBRE PARA SER USTED

VERDAD CLAVE: El perdón es una decisión, aunque no una opción.

UN BARCO NAVEGABA EN UNA NOCHE NEGRA Y OSCURA. DE REPENTE, el capitán observó una luz brillante justo delante y supo que su barco estaba en línea de colisión con esta luz. Corrió a la radio, envió un mensaje urgente y exigió que el barco cambiara su curso en diez grados al este.

Unos segundos después recibió un mensaje de respuesta: "No puedo hacerlo. Cambie su curso diez grados al oeste". El capitán se enojó. Envió otro mensaje, breve y al punto: "Soy capitán de la armada. Exijo que cambie su curso".

La respuesta no se hizo esperar: "Soy marino de segunda. No puedo. Cambie su curso".

Ahora el capitán estaba furioso. Envió un último mensaje: "¡Soy barco de guerra y no cambiaré mi curso!".

Recibió la respuesta enseguida: "Soy faro. La decisión está en sus manos, señor".

Muchas veces somos como ese capitán; obstinados, cabezas duras. Se nos ocurren todas las razones posibles que podamos dar para no cambiar. *Me han lastimado mucho. Me han herido tanto. No perdonaré.* No, tendrá que cambiar su curso. El faro no puede moverse. Tendrá que ser usted quien cambie de rumbo. Cuando se aferra a la falta de perdón, está yendo hacia los problemas en su vida. Dios le está diciendo: Cambia el rumbo.

PIENSE EN ESTO: Si quiere ser feliz, si quiere ser libre, debe decidirse a cambiar de rumbo cuando Dios le muestre un camino mejor. Busque en su corazón. Cuando Dios haga surgir algún asunto, apúrese a tratarlo. Si hace usted su parte para comenzar con la limpieza, verá el favor y la bendición de Dios bajo una nueva luz. Describa algunas de las áreas en las que le gustaría ver un cambio de rumbo en su vida ¿Cómo comenzaría?

_____

_____

_____

_____

_____

_____

_____

_____

_____

_____

_____

Resulta que no tenemos un
Dios pequeño, domado,
doméstico, gracias a Dios,
sino un Dios enorme, salvaje
y peligroso –peligroso,
por supuesto– únicamente
si pensamos que Dios debiera
ser manejable y seguro;
un Dios casi maníaco en
creatividad, ingenio y
entusiasmo; un Dios lo
suficientemente grande
que además es un Dios
soberbiamente generoso y
paciente; un Dios de belleza,
oportunidad y solidaridad.

—*Sara Maitland*

LO QUE DICEN LAS ESCRITURAS

Porque si perdonáis a los hombres sus ofensas, os perdonará
también a vosotros vuestro Padre celestial; mas si no perdonáis
a los hombres sus ofensas, tampoco vuestro Padre os perdonará vuestras ofensas.

—*Mateo 6:14-15*

Si es posible, en cuanto dependa de vosotros, estad en paz con
todos los hombres.

—*Romanos 12:18*

ORACIÓN PARA HOY

Padre, creo en tu Palabra hoy, esperando recibir tu bendición y favor en mi vida. He tomado la decisión de derribar toda muralla que hubiera entre nosotros y pido tu ayuda en esto. Solamente quiero comunicación abierta y sincera entre tú y yo, y he tomado la decisión de dejar en el pasado los males que me hayan hecho. Quiero hacer lo que haga falta para vivir la frescura de mi relación contigo y con los demás.

No te enojes porque no puedes lograr que los demás sean como quieres que sean, porque tampoco puedes lograr hacer que tú seas como quieres ser.
—*Thomas À. Kempis*

VERDAD DE BOLSILLO: El faro no se moverá. Soy yo quien debe cambiar el rumbo.

DÍA 6:

EL DIOS DE LA DEVOLUCIÓN

VERDAD CLAVE: Confíe en que Dios traerá justicia a su vida.

DIOS HA PROMETIDO QUE SI PONEMOS NUESTRA CONFIANZA EN ÉL, Él nos retribuirá por todas las cosas injustas que hayan sucedido en nuestra vida (ver Isaías 61:7-9). Quizá le hayan engañado en un negocio y perdió todo su dinero. Quizá alguien le mintió y ese engaño causó que perdiera un ascenso en su trabajo. O quizá le haya traicionado un buen amigo.

Por cierto, ese tipo de pérdidas deja heridas indelebles y hacen que quiera aferrarse a su dolor. Sería lógico que buscara vengarse. Muchas personas hasta le alentarán a hacerlo. El viejo adagio: «Ojo por ojo, diente por diente» pareciera ser un principio comúnmente aceptado hoy día.

Sin embargo, este no es el plan de Dios para usted. Si quiere vivir su mejor vida ahora, tiene que aprender a confiar en que Dios traerá justicia a su vida. La Biblia dice que Dios es un Dios justo y que Él arreglará y resolverá los casos de su pueblo (ver Deuteronomio 32:4;

Hebreos 10:30). Esto significa que no debe usted andar por ahí buscando vengarse con todos por las cosas malas que le hayan hecho. Dios es quien le vengará y reivindicará. Deje que Él pelee las batallas por usted. Deje que Dios se encargue. Dios ha prometido que si le entregamos nuestros asuntos y le dejamos ocuparse a su modo, Él arreglará todos nuestros males. Él traerá justicia a su vida.

PIENSE EN ESTO: Cuando sabemos que Dios está peleando nuestras batallas podemos caminar con nueva confianza, con paso más ligero, una sonrisa en el rostro y una canción en nuestro corazón. ¡Somos libres! Cuando verdaderamente entienda que no tiene que buscar la solución para todo lo que le suceda, no tendrá que molestarse en buscar que le paguen por lo que le han hecho o dejaron de hacer, ni preocuparse, intentar manipular la situación o controlar las circunstancias o las personas involucradas.

Cuando tiene usted este tipo de actitud, está abriendo la puerta de par en par para que Dios le retribuya. En el espacio que hay debajo, responda a lo que acaba de leer, compartiendo las batallas que hoy está dejando en manos de Dios.

_____

_____

_____

_____

_____

_____

_____

_____

_____

_____

_____

_____

_____   ⟨≈⟩

_____
La amargura aprisiona la vida;
_____   el amor la libera.
—*Henry Emerson Fosdick*
_____   ⟨≈⟩

_____

_____

_____

_____

_____

_____

_____

LO QUE DICEN LAS ESCRITURAS

No os venguéis vosotros mismos, amados míos, sino dejad lugar a la ira de Dios; porque escrito está: Mía es la venganza, yo pagaré, dice el Señor.

—*Romanos 12:19*

No nos cansemos, pues, de hacer bien; porque a su tiempo segaremos, si no desmayamos.

—*Gálatas 6:9*

ORACIÓN PARA HOY

Señor, oro por la sabiduría de dejar todas mis batallas en tus manos. Creo que en este mismo momento estás obrando para redimir las situaciones dolorosas o frustrantes de mi vida. Prometiste tomar todo mal que viniera en contra mía y darle vuelta para mi beneficio. Reclamo esa promesa y sé que tú la cumplirás en mi vida. Sé que tú me prosperarás dondequiera que vaya y que traerás justicia a mi vida.

> Abandonar equivale a rendirse; abandonarlo todo en manos de Dios es creer.
> —*A. W. Tozer*

VERDAD DE BOLSILLO: Dios ve todo el mal que me han hecho. Él toma nota y mantiene récord, así que yo no tengo que hacerlo.

DÍA 7:

LO PASADO, PASADO

VERDAD CLAVE: Jamás ponga un signo de interrogación allí donde Dios puso punto final.

UNA DE LAS CLAVES MÁS IMPORTANTES PARA VIVIR SU MEJOR VIDA ahora, y para avanzar hacia el gran futuro que Dios tiene para usted, es aprender a sobreponerse a las desilusiones de la vida. Porque las desilusiones pueden presentar obstáculos tan formidables para dejar el pasado atrás, usted necesita estar seguro de que se ha ocupado de esta área antes de dar el paso siguiente para vivir con su potencial al máximo.

Muchas veces, las desilusiones tremendas y el dejar el pasado atrás son las dos caras de una misma moneda, sobre todo cuando se trata de estar desilusionado con uno mismo. Cuando haga algo mal, no se aferre a ello, castigándose todo el tiempo. Admítalo, busque el perdón y siga adelante. Apresúrese a dejar atrás sus errores, fracasos, penas, dolores y pecados.

Las desilusiones que más nos duelen, sin embargo, suelen ser las que nos causan otras personas. Mucha gente que ha sido lastimada pierde las oportunidades de un nuevo comienzo porque vive reabriendo viejas heridas. No importa cuáles sean las cosas por las que hayamos pasado, no importa qué tan injusta la situación o cuán grande el dolor, debemos dejarlo atrás.

Dios quiere hacer más de lo que podemos pensar o pedir. Quiere restaurarle cosas buenas y en abundancia. Si se enfoca en las cosas correctas, Dios tomará su campo de batalla más terrible y lo convertirá en la más bella y enorme pradera de bendiciones.

PIENSE EN ESTO: Quizá haya cometido errores que le causaron gran pena y terribles dolores de cabeza. Quizá sienta que lo estropeó todo y que su vida ya no tiene arreglo. Quizá sienta que todo esto le descalificó y que ya no puede formar parte de lo mejor en la creación de Dios porque ha tomado malas decisiones. ¡Quiero decirle que Dios desea su restauración mucho más de lo que la desea usted! Si deja el pasado atrás y comienza a vivir cada día con fe y expectativa, Dios restaurará todo lo que el enemigo le ha robado.

Hable con Dios —en el espacio debajo— sobre las desilusiones o errores de su pasado que le han impedido avanzar. Declare que ha decidido comenzar a dejar atrás todo eso.

_____

_____

_____

_____

_____

_____

_____

_____

_____

_____

_____

_____

La valentía es miedo
que ha orado.
—*Dorothy Bernard*

_____

_____

_____

_____

LO QUE DICEN LAS ESCRITURAS

Hermanos, yo mismo no pretendo haberlo ya alcanzado; pero una cosa hago: olvidando ciertamente lo que queda atrás, y extendiéndome a lo que está delante.

—*Filipenses 3:13*

Bueno es Jehová a los que en él esperan, al alma que le busca.

—*Lamentaciones 3:25*

ORACIÓN PARA HOY

Señor, te pido valor y determinación para dejar atrás las desilusiones y penas del pasado. Por favor, toma mis cicatrices y conviértelas en estrellas para tu gloria. Que mi vida sea testimonio de lo que puede hacer tu gracia. Sigo avanzando. Sigo insistiendo en avanzar con decisión sabiendo que tú tienes reservadas grandes cosas para mí.

No permitas que aquello que no puedes hacer interfiera con aquello que sí puedes hacer.
—*John Wooden*

VERDAD DE BOLSILLO: No se puede revertir el revuelto de huevos. Lo que está hecho, hecho está. Debo ir hacia adelante.

PASO CINCO:

Encuentre fuerza
a través de la
adversidad

DÍA 1:

MANTÉNGASE FIRME

VERDAD CLAVE: Aún cuando estamos sentados por fuera debemos vernos de pie por dentro.

Todos enfrentamos desafíos en la vida. Todos hemos tenido contrariedades y obstáculos. Quizá por fuera quedemos golpeados, pero la clave para vivir en victoria es aprender a ponerse de pie por dentro.

Oí una historia sobre un niñito que estaba en la iglesia con su madre. El niño tenía tanta energía que no podía permanecer sentado y quieto. De hecho, todo el tiempo se paraba en su asiento. La madre le decía: '"Hijo, siéntate".

Se sentaba durante algunos segundos y luego volvía a pararse.

Con suavidad la madre volvía a reprenderlo: "Hijo ¡te dije que te sentaras!".

Esto sucedió varias veces, y luego el niñito se paró y no quiso volver a sentarse. Su madre puso la mano sobre la cabeza del niño y lo empujó hacia abajo para obligarlo a sentarse. El niño se sentó y sonrió. Luego miró a su madre y dijo: "Mamá, quizá me veas sentado por fuera, pero por dentro estoy de pie".

PIENSE EN ESTO: No importa qué tan difícil sea o parezca ser lo que le está sucediendo, puede permanecer de pie por dentro. Requerirá valor y seguramente determinación, pero podrá lograrlo si decide que así sea. Actúe según lo que le indica su voluntad, y no según sus emociones.

Quizá ahora esté esperando que Dios cambie sus circunstancias, y piensa que entonces será feliz, que entonces cambiará de actitud, que entonces alabará a Dios. Sin embargo, Dios está esperando también a que se ponga de pie usted por dentro. Cuando haga su parte, Dios comenzará a cambiar las cosas y obrará de manera sobrenatural en su vida.

¿De qué modo ha estado permitiendo que la adversidad tenga impacto sobre su gozo? ¿Sobre su pasión? ¿Sobre su vida?

_____

_____

_____

_____

_____

_____

_____

_____

_____

_____

_____

_____

_____
_____
_____
_____
_____
_____

> Solamente yo puedo cambiar mi vida. Nadie puede hacerlo por mí.
> —*Carol Burnett*

_____
_____
_____
_____
_____

LO QUE DICEN LAS ESCRITURAS

Por tanto, tomad toda la armadura de Dios, para que podáis resistir en el día malo, y habiendo acabado todo, estar firmes.

—*Efesios 6:13*

Pero esforzaos vosotros, y no desfallezcan vuestras manos, pues hay recompensa para vuestra obra.

—*2 Crónicas 15:7*

Mas David se fortaleció en Jehová su Dios.

—*1 Samuel 30:6*

ORACIÓN PARA HOY

Dios, he decidido no permitir que la adversidad me derrote. Me pondré de pie por dentro. Nada ni nadie podrá seguir robándome mi gozo. A causa de ti y tu gracia en mi vida sé que no soy la víctima, sino quien tiene la victoria. Confíe en que cuando una puerta se cierra tú harás que se abra una más grande y mejor. Oro por tener el valor de mantenerme firme ante la adversidad y saber que tú estás conmigo, de pie junto a mí. Gracias, Señor, por tu presencia en mi vida.

> Cuando entras en un lugar estrecho y todo está en contra de ti, hasta que pareciera que ya no soportas un minuto más, no te des por vencido entonces porque ese es el momento en que la marea cambiará.
> —*Harriet Beecher Stowe*

VERDAD DE BOLSILLO: Aunque la gente o las circunstancias intenten mantenerme bajo el agua, enfrentaré la adversidad poniéndome de pie, levantándome y saliendo adelante con valentía, como la persona victoriosa que Dios quiere que sea según Él me creó.

DÍA 2:

LA DECISIÓN DE SER FELIZ

VERDAD CLAVE: Dios le ha destinado a vivir en victoria, pero usted tendrá que hacer su parte.

AMIGO, AMIGA: LA VIDA ES DEMASIADO CORTA COMO PARA ESTAR arrastrado día a día en depresión y derrota. No importa qué cosa haya tenido que enfrentar o qué es lo que hoy le hace tropezar y caer, necesita seguir levantándose por dentro. Si quiere provocarle un ataque de nervios a su enemigo, aprenda a mantener una buena actitud ¡también cuando sienta que se hunde el fondo donde está pisando! Aprenda a ser feliz también cuando las cosas no salen a su manera.

La ciencia médica nos dice que las personas que tienen espíritu decidido y vivaz por lo general sanan antes que los que son propensos a ser negativos y a desalentarse. Esto es porque Dios nos creó para que seamos decididos. No fuimos creados para vivir en derrota y depresión. El espíritu negativo reseca nuestra energía y debilita nuestro sistema inmunitario. Hay muchas personas que viven con dolencias físicas o en atadura emocional porque por dentro no se ponen de pie.

La Biblia nos habla de muchos santos que en la antigüedad murieron en la fe. Sin embargo, solamente se puede morir en la fe si se tiene una vida llena de fe. Cuando llegue mi momento de partir, quiero pasar mi último día sobre esta tierra lleno de gozo, lleno de fe, lleno de victoria. Lo he decidido; viviré mi mejor vida ahora, y, cuando se acaben mis días, moriré de pie por dentro.

Cuando se enfrente a la adversidad, recuerde lo siguiente: «El poder de Dios que me da capacidad de hacer cosas está dentro de mí. Puedo vencer. Puedo vivir en victoria. Puedo ponerme de pie por dentro». Aprenda a tomar del poder que Dios ha puesto dentro de usted para darle la capacidad de obrar, en lugar de no hacer nada cuando enfrente la adversidad.

PIENSE EN ESTO: Los grandes misioneros Pablo y Silas fueron encarcelados en una prisión de Filipo. ¿Acaso se quejaron o murmuraron Pablo y Silas? ¿Comenzaron a culpar a Dios o a sentir autocompasión? No. En medio de la adversidad, dice la Biblia, «orando Pablo y Silas, cantaban himnos a Dios» (Hechos 16:25). En otras palabras, se pusieron de pie por dentro. Cuando damos alabanza a Dios y permanecemos en una actitud de fe en medio de la adversidad, el poder de obrar milagros de Dios surgirá. La Biblia dice que a medianoche cuando cantaban alabanza a Dios, de repente hubo un terremoto. Las puertas de la cárcel se abrieron y las cadenas de Pablo y Silas cayeron al suelo.

No importa cuáles sean las circunstancias de su vida, este es el momento de alabar a Dios. En el espacio abajo escriba su propio «salmo» de alabanza a Dios. No hace falta que sea perfecto. Solamente escriba lo que hay en su corazón. Independientemente de cuáles sean sus circunstancias, como expresión de su voluntad, alabe a Dios por lo que Él es y por lo que hace por usted.

_____

_____

_____

_____

_____

_____

_____

_____

_____

_____

> Alaba a Dios aún cuando
> no entiendas lo que
> Él está haciendo.
> —*Henry Jacobsen*

_____

_____

_____

LO QUE DICEN LAS ESCRITURAS

Crea en mí, oh Dios, un corazón limpio, y renueva un espíritu recto dentro de mí.

—*Salmo 51:10*

Clama a mí, y yo te responderé, y te enseñaré cosas grandes y ocultas que tú no conoces.

—*Jeremías 33:3*

ORACIÓN PARA HOY

Tome la canción de alabanza que acaba de escribir y ofrézcala a Dios como oración. Cántela, dígala o simplemente medite las palabras. El Señor habita en la alabanza de sus hijos. Tómese algo de tiempo extra hoy para alabar a Dios por su bondad hacia usted (por ejemplo, puede alabarle por su cónyuge, ¡o por el cónyuge que Dios está preparando para usted!) Puede alabarle por su provisión para usted, en cuanto a su salud, sus finanzas o sus emociones. De alguna manera, permita que –de su corazón– fluya la alabanza hasta las páginas de su diario.

_____

_____

_____

_____

_____

Solamente los peces muertos
flotan con la corriente.
—*Anónimo*

_____

_____

_____

_____

_____

_____

_____

VERDAD DE BOLSILLO: La vida es un regalo de Dios, así que no hay razón para quejarse y lloriquear. No importa qué suceda, he decidido vivir la vida a plenitud, al saber que mi felicidad viene de Dios.

DÍA 3:

PUNTUAL, SIEMPRE

VERDAD CLAVE: Dios suele trabajar más duro cuando menos lo vemos o sentimos.

LA NATURALEZA HUMANA TIENDE A QUERER TODO PARA AHORA MISMO. Siempre estamos apurados. ¡La mayoría de nosotros se impacienta cuando se nos pasa la puerta giratoria! Cuando oramos por nuestros sueños, queremos que se cumplan inmediatamente. Sin embargo, hemos de entender que Dios tiene un tiempo asignado para responder a nuestras respuestas y hacer que nuestros sueños se hagan realidad. En verdad, no importa cuánto queramos algo, cuánto oremos y roguemos a Dios por ello, no le haremos cambiar el momento en que ha de suceder. Siempre será según su planificación de tiempos.

Y porque a veces no entendemos los tiempos de Dios es que vivimos molestos y frustrados, preguntándonos cuándo irá a hacer algo Dios al respecto: «¿Cuándo harás cambiar a mi esposo, Dios? ¿Cuándo me mandarás a alguien como compañero o compañera de vida? ¿Cuándo comenzará a andar bien mi negocio? ¿Cuándo se cumplirán mis sueños?».

Dios no es como un cajero automático donde presionamos una tecla y si ingresamos el código adecuado recibimos lo que queremos (¡siempre y cuando hayamos depositado antes!). No. Todos tenemos que esperar con paciencia. Eso forma parte de aprender a confiar en Dios. La clave está en cómo esperaremos. ¿Cuál será nuestra actitud física, emocional y espiritual? ¿Esperaremos con buena actitud, con expectativa, sabiendo que Dios siempre nos tiene reservadas grandes cosas? ¿O esperaremos molestos, frustrados y murmurando quejas?

PIENSE EN ESTO: Si sabe que tendrá que esperar de todos modos ¿por qué no decidirse a disfrutar de la vida mientras espera? ¿Por qué no ser feliz mientras Dios está en proceso de cambiar las cosas? Después de todo, no hay nada que usted pueda hacer para que las cosas sucedan antes de tiempo. Mejor será relajarse y disfrutar de su vida, sabiendo que a su debido tiempo Dios hará que su plan se cumpla.

En el espacio abajo, dígale a Dios cuál es el deseo más grande, en lo profundo de su corazón, y entréguele ese deseo o sueño, confiando en que Él lo hará realidad a su debido tiempo:

_____

_____

_____

_____

_____

Mantén tu rostro hacia el sol
y no verás las sombras.
—*Hellen Keller*

_____

_____

_____

_____

_____

_____

_____

_____

_____

_____

LO QUE DICEN LAS ESCRITURAS

Mas yo en ti confío, oh Jehová; digo: Tú eres mi Dios. En tu mano están mis tiempos.

—Salmo 31:14-15

Aunque la visión tardará aún por un tiempo... aunque tardare, espéralo, porque sin duda vendrá, no tardará.

—Habacuc 2:3

ORACIÓN PARA HOY

Dios, sé que tienes en tu control cada día, cada relación y cada oportunidad. Tienes control sobre cada uno de los sueños y deseos de mi corazón. Aunque no vea que algo suceda, creo que tú estás obrando tras bastidores, y que en el momento adecuado cambiará mi vida para bien. Vas a darme los deseos de mi corazón. Así, por mucho tiempo que lleve, esperaré y confiaré en tus planes para mi vida. (En el espacio debajo, exprese libremente sus pensamientos desde la frustración a la paciencia, mientras espera que Dios le envíe lo mejor.)

_____

_____

_____

———————— ❧ ————————   _____

Para mantener encendida   _____
una lámpara, debemos seguir
siempre llenándola de aceite.   _____
—*Madre Teresa*
                                _____
———————— ❧ ————————

_____

_____

_____

_____

_____

_____

_____

_____

_____

_____

VERDAD DE BOLSILLO: No puedo ver la imagen completa de mi vida, pero Dios sí puede, así que confiaré en sus tiempos.

DÍA 4:

LA IMAGEN COMPLETA

VERDAD CLAVE: Deje que Dios lo haga a su manera.

No siempre entendemos los métodos de Dios. Sus caminos y modos no siempre tienen sentido para nosotros, pero debemos darnos cuenta de que Dios ve la imagen completa. Piense en esta posibilidad: quizá estamos listos para lo que Dios tiene reservado en nuestra vida, pero puede haber alguien más, que esté involucrado en ello y todavía no esté preparado. Dios tiene que obrar en otras personas o situaciones antes de que su oración pueda ser respondida según la voluntad de Dios para su vida. Todas las piezas tienen que caer en su lugar, según el perfecto plan de Dios.

No tema nunca, porque Dios siempre obra para poner cada cosa en su lugar. Quizá no lo sienta. Quizá no lo vea. Su situación puede parecer siempre la misma, desde hace diez años quizá. Sin embargo, un día y en apenas una fracción de segundo, Dios lo pondrá todo en su lugar. Cuando sea el momento de Dios, todas las fuerzas de las tinieblas no podrán detenerlo. Cuando sea el momento, nadie podrá impedir que suceda. Cuando sea su momento, Dios hará que pase.

De repente todo cambiará. Ese negocio saldrá bien. Su esposo querrá una relación plena con Dios. Ese hijo descarriado volverá a casa. De repente, Dios hará que se cumplan sus deseos y sueños. Para vivir su mejor vida ahora, debe aprender a confiar en los tiempos de Dios. Quizá piense usted que Dios no está haciendo nada, pero tenga la seguridad de que tras bastidores, Dios está arreglándolo todo para que cada pieza esté en su lugar y se cumpla su plan para su vida.

PIENSE EN ESTO: Si hace fuerza y es tan cabeza dura como para querer que todo salga a su manera, Dios a veces permitirá que emprenda un proyecto sin su bendición o en el momento inadecuado. El problema, claro, será que cuando uno inicia algo por sus propias fuerzas y según sus propios tiempos, debe terminarlo y mantenerlo también con sus propias fuerzas. El resultado final será continua tensión y continuo agotamiento de sus propios recursos. La vida se convierte en una constante lucha. Casi todo el gozo, la paz y la victoria se esfuman de su existencia. Ese no es un lugar de contentura y satisfacción. En una escala de 1 a 5, donde el 1 es «total entrega, y espera en el Señor», y el 5 es «tirar del carro uno mismo», asígnele una puntuación a su disposición a esperar en el Señor. Luego, reflexione sobre cómo impacta esto en su vida.

_____

_____

_____

_____

_____

_____

_____

_____

_____

> La vida es una serie de experiencias. Cada una de ellas nos hace más grandes, aunque a veces sea difícil verlo. El mundo fue creado para desarrollar carácter, y debemos aprender que los obstáculos y el dolor que soportamos nos ayudan a seguir marchando hacia adelante.
> —*Henry Ford*

_____

_____

LO QUE DICEN LAS ESCRITURAS

Pero los que esperan a Jehová tendrán nuevas fuerzas; levantarán alas como las águilas; correrán, y no se cansarán; caminarán, y no se fatigarán.

—*Isaías 40:31*

Pacientemente esperé a Jehová, y se inclinó a mí, y oyó mi clamor.

—*Salmo 40:1*

ORACIÓN PARA HOY

Padre, he visto obrar tu mano en mi vida y creo que tú has estado arreglando las cosas en mi favor mucho antes siquiera de que yo lo supiera. Ayúdame a tener fe también en las circunstancias que parecen interminables, que no cambian. Dame gozo a pesar de mis circunstancias, sabiendo que mi esperanza está en ti. Gracias, Señor, por tus perfectos tiempos para mi vida.

_____

_____

_____

_____

_____

⸺⸻⸺

Muchas veces he caído de
rodillas ante la sobrecogedora
convicción de que no tenía
dónde más acudir.
Mi propia sabiduría y todo
lo que me rodeaba me
eran insuficientes.
—*Abraham Lincoln*

⸺⸻⸺

_____

_____

_____

_____

VERDAD DE BOLSILLO: Cuando Dios dice que es el momento indicado, Él hará que suceda.

DÍA 5:

FE QUE PONE A PRUEBA

VERDAD CLAVE: Es en los momentos duros de la vida donde descubrimos de qué estamos hechos.

No importa qué tan exitosos seamos, todos enfrentamos desafíos, obstáculos y dificultades en que las cosas no salen como lo deseamos. Cuando ocurren calamidades, hay quien piense inmediatamente que ha cometido un error, que Dios debe estar castigándolos. No entienden que Dios tiene un propósito divino para todas las dificultades que se nos presentan. No nos envía los problemas, aunque a veces permite que acontezcan.

¿Por qué? La Biblia dice que las tentaciones, las pruebas y las dificultades vendrán, porque si hemos de fortalecer nuestros músculos espirituales para ser más fuertes, tenemos que aprender a resistir y vencer las adversidades y los ataques. Además, es en los momentos difíciles de la vida en donde descubrimos de qué estamos hechos. La presión saca a la luz las cosas que debemos ver y tratar: malas actitudes, malos motivos, áreas en las que estamos negociando. Aunque esto suene raro, las pruebas pueden ser beneficiosas.

Las Escrituras dicen: «Amados, no os sorprendáis del fuego de prueba que os ha sobrevenido, como si alguna cosa extraña os aconteciese» (1 Pedro 4:12). Observe que la prueba sobreviene para probar nuestra calidad, nuestro carácter, nuestra fe. Es decir, no debemos pensar que las dificultades son lo peor que pueda pasarnos o que sólo nosotros las tenemos. A lo largo de la vida, usted enfrentará diversas pruebas y, aunque no las disfrute, Dios las utilizará para refinarlo. Dios busca darle forma a la persona que Él quiere que usted sea. Si aprende a cooperar con Dios, cambiando y corrigiendo con premura las áreas que Él expone a la luz, pasará esa prueba y pasará a un nuevo nivel.

He descubierto que, en las dificultades de la vida, Dios tiene más interés en hacerme cambiar que en cambiar mis circunstancias. No digo que Dios no quiera cambiar las circunstancias. Claro que puede hacerlo y, de hecho, muchas veces lo hace. Sin embargo, casi siempre paso por pruebas en áreas donde soy más débil, para poder descubrir mi verdadera fuerza en Dios.

PIENSE EN ESTO: Dios no va a cambiar a nadie de los que estén a nuestro alrededor hasta habernos cambiado primero a nosotros. Cuando dejamos de quejarnos por todo y por todos, y empezamos a mirarnos bien hacia adentro, trabajando con Dios para poder cambiar, entonces Dios hará cambiar a los demás. Examine su corazón para ver si hay actitudes y motivos que deba cambiar. Escriba sobre estas áreas en el espacio a continuación:

_____

_____

_____

_____

_____

_____

> La persona exitosa es la que
> puede construir un cimiento
> firme con los ladrillos que
> descartan los demás.
>
> —*David Brinkley*

_____

_____

_____

_____

_____

LO QUE DICEN LAS ESCRITURAS

Para que sometida a prueba vuestra fe, mucho más preciosa que el oro, el cual aunque perecedero se prueba con fuego, sea hallada en alabanza, gloria y honra cuando sea manifestado Jesucristo.

—1 Pedro 1:7

Porque somos hechura suya, creados en Cristo Jesús para buenas obras, las cuales Dios preparó de antemano para que anduviésemos en ellas.

—Efesios 2:10

ORACIÓN PARA HOY

Dios, he decidido cambiar. Quiero crecer. No quiero conformarme con una vida mediocre y sé que no es para eso que me creaste. Así que mantendré la calma. Seré paciente. Sean cuales fueran las circunstancias de mi vida, ayúdame a acudir a ti y preguntarte qué es lo que quieres que aprenda, cómo quieres que cambie para que crezca. Cuando pueda hacer esto, sé que convertirás mis dificultades en ventajas, mis luchas en grandes victorias.

Enumere debajo las dificultades que enfrenta hoy y que le están haciendo crecer:

_____

_____

_____

_____

_____

_____

> Lo que cuenta no es el tamaño del perro en la lucha, sino el tamaño de la lucha que el perro tiene adentro.
> —*Dwight Eisenhower*

_____

_____

_____

_____

_____

_____

VERDAD DE BOLSILLO: Dios está usando las circunstancias de mi vida para hacer su maravillosa obra en mí.

DÍA 6:

EN CONSTRUCCIÓN

VERDAD CLAVE: La dificultad es una prueba para su fe, su carácter y su paciencia.

HACE MUCHOS AÑOS, PESCAR BACALAO EN EL NORDESTE ERA UN negocio lucrativo. La industria pesquera reconocía que había un gran mercado para el bacalao en EE.UU., pero se enfrentaban al gran problema de la distribución. Al principio, sencillamente congelaban el pescado como lo hacían con los demás productos, y lo enviaban a distintos puntos del país. Pero por alguna razón, el bacalao perdía su sabor al congelarlo. Así que los empresarios decidieron despachar los peces en enormes tanques llenos de agua de mar. Pensaban que así resolverían el problema y mantenían fresco el pescado. Para su desazón, encontraron que esto empeoraba las cosas. Al estar inactivos, los peces se ablandaban y perdían su sabor.

Un día, alguien decidió poner bagres en los tanques, junto a los bacalaos. Los bagres son enemigos naturales del bacalao, por lo cual éstos tenían que mantenerse alertas y activos, cuidándose de ellos.

Grande fue la sorpresa cuando el tanque llegó a destino y el bacalao seguía tan fresco y sabroso como cuando lo habían pescado.

Quizá, como el bagre, la adversidad se presente en su camino con un propósito. Está allí como desafío, para fortalecerle, afinar sus sentidos, mantenerle alerta, con vida, creciendo. Admitamos que a veces pareciera que en lugar de un bagre tenemos un enorme tiburón en nuestro tanque, pero la adversidad que está enfrentando usted ahora bien podría ser algo que Dios está usando para empujarle un poco, para desafiarle y hacer que mejore. Está poniendo a prueba su fe, su carácter, su paciencia. No claudique. No baje los brazos. No se queje ni lloriquee: «Dios ¿por qué tiene que pasarme esto a mí?».

En cambio, manténgase firme y pelee la buena pelea de la fe. Dios le está dando una oportunidad para ascender. Es a través de la lucha que nos volvemos más fuertes.

PIENSE EN ESTO: Sin oposición o resistencia, no hay potencial para el progreso. Sin la resistencia del aire, el águila no podría volar tan alto. Sin la resistencia del agua, el barco no podría flotar. Sin la resistencia de la gravedad, usted y yo no podríamos siquiera caminar.

En el espacio que hay a continuación, reflexione sobre lo dicho arriba y luego describa otros ejemplos de cómo la resistencia hace que sea posible el movimiento:

_____

_____

_____

_____

_____

_____

_____

_____

_____   ⤳

_____   En medio de la dificultad
                                      está la oportunidad.
_____   —*Albert Einstein*

_____   ⤳

_____

_____

_____

_____

_____

_____

LO QUE DICEN LAS ESCRITURAS

Bienaventurado el varón que soporta la tentación; porque
cuando haya resistido la prueba, recibirá la corona de vida, que
Dios ha prometido a los que le aman.

—Santiago 1:12

Y sabemos que a los que aman a Dios, todas las cosas les ayudan
a bien, esto es, a los que conforme a su propósito son llamados.

—Romanos 8:28

Por tanto, amados míos, como siempre habéis obedecido, no
como en mi presencia solamente, sino mucho más ahora en mi
ausencia, ocupaos en vuestra salvación con temor y temblor,
porque Dios es el que en vosotros produce así el querer como
el hacer, por su buena voluntad.

—Filipenses 2:12-13

ORACIÓN PARA HOY

Gracias, Padre, por el fuego que me refina, por tus amorosas manos que moldean y rehacen estos pies de barro para que sean bellos y brillantes testimonios de tu gloria. Afina mis aristas y lija toda aspereza. Ablanda mi corazón y haz que me parezca más a ti.

Si no tuviéramos invierno la primavera no sería tan placentera; si no tuviéramos de tanto en tanto un vistazo de la adversidad, la prosperidad no sería tan bienvenida.
—*Anne Bradstreet*

VERDAD DE BOLSILLO: Pelearé la buena pelea, trabajando con Dios ante cada una de las cosas que Él permita en mi vida. Y ganaremos.

DÍA 7:

UN PASITO,
UN GRAN SALTO

VERDAD CLAVE: La adversidad a menudo nos empuja hacia nuestro divino destino.

MUCHAS PERSONAS RESPONDEN DE MANERA NEGATIVA ANTE LA adversidad y los problemas, en lugar de creer que Dios puede producir algo bueno de cada situación. No digo que Dios envíe los problemas, sino que utilizará toda adversidad que usted deba enfrentar para llevarle a un nivel más alto, si tan solo hace usted su parte y se mantiene firme y fuerte.

En mi vida, he descubierto dos tipos de fe: una que me libera, y una que me sostiene. La fe que libera es cuando Dios instantáneamente revierte una situación. Esto es grandioso. Pero creo que se requiere más fe y un camino más profundo con Dios para tener fe que sostiene. Es entonces cuando las circunstancias no cambian inmediatamente, sino que decimos: «Dios, no me importa qué cosa me ataque, y no me importa cuánto se tarde, esto no me derrotará. No me hundirá. Sé que tú estás de mi lado. MIentras tú estés conmigo, eso es todo lo que importa». La fe que sostiene es lo que nos lleva adelante en esas oscuras noches del alma en que no sabemos dónde ir o qué hacer, cuando parece que no duraremos un día más... pero porque tenemos fe en Dios, lo logramos.

Si enfrenta usted la adversidad de manera correcta, Dios ha prometido que convertirá sus problemas en peldaños hacia su promoción. Dios quiere hacer cosas nuevas e inusuales en su vida. Está buscando personas que confíen en Él con todo su corazón. Está buscando personas que no lo limiten con su pequeñez de pensamiento.

Dios quiere que usted crezca constantemente, y, a veces, utilizará un poco de tensión o adversidad para mantenerlo avanzando. Permitirá que la presión le impulse, le extienda, le haga salir de su zona de comodidad. Sabe cuánto puede usted soportar; y, en sus momentos de angustia, recuerde que Dios está engrandeciéndolo. La lucha le está dando fuerzas.

PIENSE EN ESTO: Dios usa gente común como usted o yo para hacer cosas extraordinarias. Dios no busca gran poder. No busca gran cultura o educación. Simplemente busca corazones dispuestos. Dios no busca capacidad, sino disponibilidad. Dele a Dios lo que tiene usted. Y él hará de su vida más de lo que pueda soñar jamás.¿Tiene la disposición de avanzar en fe con corazón dispuesto, entregado a Dios? ¡Esta es una excelente oportunidad, un excelente momento para decírselo a Él!

_____

_____

_____

_____

_____

_____

_____

_____

_____

_____   El pesimista ve la dificultad
                                    en cada oportunidad;
_____   el optimista ve la oportunidad
                                    en cada dificultad.
_____   —*Winston Churchill*

_____

_____

_____

_____

_____

_____

LO QUE DICEN LAS ESCRITURAS

Por tanto, nosotros todos, mirando a cara descubierta como en un espejo la gloria del Señor, somos transformados de gloria en gloria en la misma imagen, como por el Espíritu del Señor.

—*2 Corintios 3:18*

¿Está alguno entre vosotros afligido? Haga oración. ¿Está alguno alegre? Cante alabanzas.

—*Santiago 5:13*

ORACIÓN PARA HOY

Señor, conozco los dones y talentos que me has dado. Aunque sienta que no tengo ninguno, tú sabes que así es. Sabes de qué soy capaz aunque yo lo dude. Te doy gracias porque estás haciendo todo lo necesario para moverme hacia mi divino destino. He decidido salir de mi zona de comodidad y avanzar hacia la zona de fe. Ayúdame, Padre, a no mirar atrás, sino a seguir avanzando en la fe.

Dulces son los pensamientos
que saborea el contento;
la mente en paz vale más
que una corona.
—*Robert Greene*

VERDAD DE BOLSILLO: Dios está convirtiendo mis dificultades en peldaños para mi progreso.

PASO SEIS:

¡Viva para dar!

DÍA 1:

CREADOS PARA DAR

VERDAD CLAVE: Hay que aprender a ser generosos, no interesados.

LA SOCIEDAD NOS ENSEÑA A CUIDAR SIEMPRE AL NÚMERO UNO; YO primero. «¿Qué obtendré de esto? Te ayudo, pero ¿qué obtendré a cambio?» Reconocemos que esta es la generación del "yo", y que el mismo narcisismo suele verterse en nuestra relación con Dios, con nuestras familias y con los demás.

Muchas personas hoy viven flagrantemente y únicamente para sí mismos. No les interesan los demás. No tienen tiempo para los que están en necesidad. Solamente les importa lo que quieren, lo que necesitan, lo que sienten que les beneficiará más. Irónicamente, es esta actitud egocéntrica la que les condena a vivir una vida superficial, sin gratificación alguna. No importa cuántas cosas compren, nunca estarán satisfechos del todo.

Amigo, amiga, si quiere vivir un nuevo nivel del gozo de Dios, si quiere que Él derrame sus bendiciones y favor sobre su vida, entonces tendrá que dejar de enfocar su mente en su propia persona. Deje de intentar calcular qué pueden hacer por usted los demás, y comience a calcular cuánto puede hacer usted por alguien más. No fuimos creados para funcionar de manera egocéntrica, pensando nada más que en nosotros mismos. No. Dios nos creó para ser generosos. Y jamás podremos estar plenamente satisfechos como seres humanos si no aprendemos el sencillo secreto de cómo dar nuestra vida.

Quizá no se dé cuenta, pero es extremadamente egoísta andar siempre pensando en sus problemas, siempre pensando en lo que quiere o necesita, viendo apenas las necesidades de los demás. Una de las mejores cosas que puede hacer si tiene un problema es ayudar a otro a resolver el suyo. Si quiere que sus sueños se cumplan, ayude a otros a cumplir sus sueños. Comience a sembrar semillas para que Dios pueda darle una cosecha. Cuando satisfacemos la necesidad de otros, Dios satisface las nuestras.

PIENSE EN ESTO: Necesitamos buscar oportunidades para compartir el amor de Dios, sus dones y su bondad con los demás. No hace falta demasiado para hacer feliz a alguien. No hace falta dinero. Con una sonrisa o un elogio, bastará. Dar gracias por un servicio o hacer algo más práctico: tomar algo que está en la casa y que ya no se usa, y ofrecerlo a alguien que pueda usarlo. Si no está satisfaciendo una necesidad, úselo para sembrar una semilla de bendición.

En el espacio debajo, responda a la pregunta: «¿A quién puedo bendecir hoy?». Escriba el nombre de la persona y anote al menos una cosa que pueda hacer usted para bendecirla. Ahora, seamos más específicos: ¿Cuándo y cómo hará este esfuerzo específico por bendecir a esta persona?

_____

_____

_____

_____

_____

_____

_____

_____

_____

_____

_____   No juzgues cada día por
                                          la cosecha que te da, sino
_____   por las semillas que plantes.
                                          —*Robert Louis Stevenson*
_____

LO QUE DICEN LAS ESCRITURAS

Exhortaos los unos a los otros cada día
                                            —*Hebreos 3:13*

¿No es que partas tu pan con el hambriento, y a los pobres errantes albergues en casa; que cuando veas al desnudo, lo cubras, y no te escondas de tu hermano? Entonces nacerá tu luz como el alba, y tu salvación se dejará ver pronto; e irá tu justicia delante de ti, y la gloria de Jehová será tu retaguardia.
                                            —*Isaías 58:7-8*

ORACIÓN PARA HOY

Padre, te doy gracias por las muchas formas en que tú has bendecido mi vida. Creo que me creaste para alentar y bendecir a los demás. Ayúdame a usar mi vida —mis manos, mis palabras, mis dones, las cosas materiales con que me has bendecido— para llevar sanación, esperanza y bendición a otras personas. Ayúdame a dejar de pensar en mis propias necesidades y deseos para enfocarme en las necesidades de los demás. Esto oro con fervor.

_____

_____

_____

_____

Cuando hacemos nuestro mejor esfuerzo, jamás sabemos qué milagro se obrará en nuestra vida o en la de otra persona.
—*Helen Keller*

_____

_____

_____

_____

_____

VERDAD DE BOLSILLO: Dios me creó para ser de bendición, para dar más de lo que recibo. Hoy buscaré formas en que pueda bendecir a otros.

DÍA 2:

BENDECIDOS PARA BENDECIR

VERDAD CLAVE: Lo que dé usted le será devuelto.

DAR ES UN PRINCIPIO ESPIRITUAL. LO QUE DÉ USTED LE SERÁ DEVUELTO. Si da una sonrisa recibirá sonrisas de los demás. Si es generoso con las personas que están en necesidad, Dios se asegurará de que otros sean generosos con usted cuando esté en necesidad. Es interesante ¿verdad? Lo que hacemos que suceda para los demás, Dios lo hace suceder para nosotros.

Vi un informe interesante sobre un joven de Arabia Saudita. Era extremadamente rico y vivía en un palacio lujoso, casi demasiado grandioso como para poder describirlo. Tenía muchos autos y aviones. El hombre era más rico de lo que mi mente pueda imaginar.

Lo que más me intrigaba de él era la manera interesante en que usaba parte de su riqueza. Cada dos meses más o menos, hacía venir cientos de personas pobres de su país. Los conocía personalmente y conversaba con ellos acerca de sus necesidades. Luego, casi siempre les daba lo que les hacía falta. Si necesitaban un auto, se los compraba. Si necesitaban una casa, se las compraba. Si necesitaban dinero para una operación, también se los daba. Lo que fuera, él lo proveía. Daba cientos de miles de dólares, y literalmente millones de dólares más en propiedades o cosas materiales. ¿Es de extrañar que su negocio siguiera siendo cada vez más próspero?

No sé si este hombre practica la fe cristiana, pero el principio de dar es espiritual. Obra independientemente de la nacionalidad, el color de la piel y hasta la religión. Si damos desinteresadamente, se nos dará de vuelta. Si satisfacemos las necesidades de otros, Dios se asegurará de que las nuestras sean satisfechas en abundancia.

> El ser humano empieza
> a vivir cuando aprende a
> vivir fuera de sí mismo.
> —*Albert Einstein*

PIENSE EN ESTO: Estará pensando: *Bueno, si yo tuviera todo ese dinero haría lo mismo.* Pero se equivoca. Tiene que empezar allí donde está ahora mismo. Tiene que ser fiel con lo que tiene, para que Dios pueda confiarle más. Lo que está más cerca del corazón de nuestro

Dios es la ayuda a los que sufren. A Dios le gusta mucho que cantemos y oremos. Le gusta cuando nos reunimos a celebrar su bondad. Pero más que nada, a Dios le agrada que cuidemos de sus hijos.

En el espacio que hay a continuación, reflexione sobre las maneras en que Dios ha satisfecho sus necesidades. Anote algunas de las bendiciones específicas que Dios le ha dado durante este último año. Ahora, diga la oración que aparece debajo de las líneas, y pídale que le muestre oportunidades de dar a los demás en gratitud por todo lo que le ha sido dado a usted.

_____

_____

_____

_____

_____

_____

_____

> No habrás vivido el día de hoy hasta tanto hayas hecho algo por alguien que no puede retribuirte con nada.
> —*John Bunyan*

LO QUE DICEN LAS ESCRITURAS

Y haré de ti una nación grande, y te bendeciré, y engrandeceré tu nombre, y serás bendición.

—*Génesis 12:2*

De cierto os digo que en cuanto lo hicisteis a uno de estos mis hermanos más pequeños, a mí lo hicisteis.

—Mateo 25:40

A Jehová presta el que da al pobre, y el bien que ha hecho, se lo volverá a pagar.

—Proverbios 19:17

ORACIÓN PARA HOY

Señor, qué bendición es ser uno de tus hijos. El año pasado, tú me diste la bendición de _____ (incluya algunas de las cosas que enumeró en su diario antes). Has hecho provisión para mis necesidades físicas. Has obrado en mi vida de familia, de trabajo o negocios. Dios, te doy gracias por ser tan generoso y bueno conmigo. Ahora te pido que me des la oportunidad de dar con sinceridad, de manera generosa, considerada, amable y con amor, buscando siempre nuevas formas de llegar a los que están en necesidad. Por favor, pon en mi camino personas que estén en necesidad o sufrimiento, y abre mis ojos para que los vea y vea también sus necesidades. Libérame las manos, el corazón y la mente para servir a otros con generosidad.

_____

_____

_____

_____

_____

_____

VERDAD DE BOLSILLO: Hoy prestaré atención especial para encontrar la oportunidad de dar de mí. Haré un cambio.

DÍA 3:

EL AMOR ES CIEGO

VERDAD CLAVE: Dios espera que sea usted ejemplo de bondad y misericordia.

EL MODO EN QUE TRATAMOS A LOS DEMÁS PUEDE EFECTUAR UN GRAN impacto sobre el grado de bendición y favor de Dios que vivamos. ¿Es usted amable? ¿Trata a los demás con bondad y consideración? ¿Habla y actúa con amor en su corazón, tomando en cuenta a los demás como especiales y valiosos? Quiero decirle que no puede tratar a los demás sin amor y esperar bendición en su vida. No puede tratar a los demás sin educación ni consideración y esperar vivir en victoria.

Cuando esté en una situación incómoda en que alguien le trate mal, tiene una oportunidad de oro para sanar un corazón herido. Recuerde que la gente herida suele herir a los demás como resultado de su propio dolor. Si alguien es desconsiderado o mal educado, puede estar casi seguro de que tiene asuntos irresueltos dentro. Tiene problemas –ira, resentimiento, angustia– e intenta arreglárselas como puede, o vencerlos. Lo último que necesita es que usted empeore las cosas contestando con ira. El mal no se vence con mal. Si trata mal a quien le trata mal a usted, estará empeorando las cosas. Cuando expresa enojo hacia alguien que se enojó con usted, lo que hace es echar leña al fuego. No, vencemos al mal con el bien. Cuando alguien le hiera, lo único que puede hacer usted para vencer es mostrar misericordia, perdonándolos y haciendo lo que está bien.

Siga por el buen camino, siendo amable, cortés. Siga andando en amor, con buena actitud. Dios ve lo que usted hace. Ve que se esfuerza por hacer lo que está bien, y Él se asegurará de que su buena actitud venza al mal. Si sigue usted haciendo lo que está bien, avanzará mucho más de donde habría estado si hubiese intentado apagar el fuego con más fuego.

PIENSE EN ESTO: Si hoy alguien no le trata bien, esfuércese por ser más amable que de costumbre con esa persona. Dios ve sus acciones de bondad y misericordia. Cuando es amable con alguien, está haciéndole bien, y Dios hace los arreglos para que otras personas le den a usted «puñados» de cosas buenas a propósito. Encontrará puñados de bendiciones por aquí, puñados de bendiciones por allá, favores sobrenaturales por aquí, progreso inesperado por allá. Dondequiera que vaya, descubrirá las bendiciones sobrenaturales de Dios que tapizan su camino, dejadas allí a propósito para usted, por Dios.

En el espacio que hay debajo, reflexione sobre cómo puede mostrar bondad y misericordia a alguien que ha sido desagradable o falto de misericordia con usted ¿De qué manera puede amar a esta persona de modo nuevo, fresco, diferente?

_____

_____

_____

_____

_____

_____

_____

_____

_____

_____

_____

_____

> Trata a las personas como
> si fueran lo que debieran
> ser y estarás ayudándoles
> a ser lo que son capaces
> de ser.
>
> —*Johann Wolfgang
> von Goethe*

_____

_____

_____

_____

LO QUE DICEN LAS ESCRITURAS

Su benignidad te guía al arrepentimiento.

—Romanos 2:4

Mirad que ninguno pague a otro mal por mal; antes seguid siempre lo bueno unos para con otros, y para con todos.

—1 Tesalonicenses 5:15

(El amor) no hace nada indebido, no busca lo suyo, no se irrita, no guarda rencor.

—1 Corintios 13:5

ORACIÓN PARA HOY

Dios, a veces siento que nadie más que yo hace el esfuerzo. En mi familia, en mi trabajo, siento que siempre me toca la peor parte y que no me aprecian ni me aman. Cuando me sienta así, por favor, recuérdame, Padre, que tú me ves. Tú llevas registro de todo esfuerzo que haga yo por mostrar tu amor y misericordia a los demás. Ayúdame a no vivir sintiendo autocompasión o rencor hacia quienes no me tratan bien, y ayúdame a ser un espejo que refleje tu amor en cualquier circunstancia.

_____

_____

_____

Espero pasar por este mundo
una sola vez; por eso,
todo lo bueno que pueda
hacer y toda amabilidad que
pueda ofrecer a otros,
pido hacerla ahora mismo;
que no demore ni lo olvide,
porque no volveré a pasar
por aquí.
—*Dicho proverbial*

_____

_____

_____

VERDAD DE BOLSILLO: Hoy devolveré bien por mal. Responderé en bondad y misericordia para poder ayudar a sanar corazones heridos.

DÍA 4:

CORAZÓN ABIERTO, MANOS ABIERTAS

VERDAD CLAVE: En todas partes hay personas desesperadas por vivir el amor y la compasión de nuestro Dios.

DONDEQUIERA QUE VAYAMOS EN ESTOS DÍAS, HAY GENTE QUE SUFRE y está desalentada con muchos sueños sin cumplir. Han cometido errores y ahora sus vidas son un continuo problema. Necesitan sentir la compasión y el amor incondicional de Dios. No necesitan que alguien los juzgue y critique o que les diga que están equivocados (¡en la mayoría de los casos, ya lo saben!) Necesitan que alguien les lleve esperanza y sanación, alguien que les muestre la misericordia de Dios. En realidad, están buscando un amigo, alguien que esté allí para alentarlos, que se tome el tiempo de escucharlos y muestre genuino interés en ellos.

Más que cualquier otro atributo humano, creo que nuestro mundo clama por personas con compasión, gente que ame incondicionalmente, gente que se tome el tiempo de ayudar a sus compañeros de viaje en este planeta.

Estamos todos tan ocupados. Cada uno de nosotros tiene sus propias prioridades y planes importantes, su propia agenda. A menudo, nuestra actitud es: *No quiero inconvenientes. No me molestes con tus problemas. Tengo suficiente con los míos.*

Sin embargo, las Escrituras dicen: «Pero el que ... ve a su hermano tener necesidad, y cierra contra él su corazón, ¿cómo mora el amor de Dios en él?» (1 Juan 3:17) Es interesante ¿verdad? La Palabra de Dios implica que todos tenemos corazón de compasión, pero la cuestión está en tenerlo abierto o cerrado. Cuando Dios pone amor y compasión en su corazón hacia alguien, le está ofreciendo la oportunidad de hacer un cambio en la vida de esa persona. Debe aprender a seguir ese amor. No lo ignore. Actúe según le indique. Alguien necesita lo que usted tiene.

PIENSE EN ESTO: Dios sabe lo que hace. Sabe quién está sufriendo. Sabe quién está con la soga al cuello. Si sigue usted la corriente de amor y compasión adonde le lleve, quizá pueda ser la respuesta a la oración de una persona desesperada, que está sola. Probablemente no se dé cuenta usted del impacto que puede tener una breve llamada telefónica.

Deje que el amor le guíe por la vida. Nunca ignore ese sentimiento de compasión que surge dentro de usted. Aprenda a dejarse llevar por la corriente del divino amor de Dios. Él dirigirá sus caminos y le mostrará dónde y cómo expresar su amor.

¿Le ha estado señalando Dios a una persona en estos días, a alguien en quien no había pensado durante mucho tiempo? ¿Hay relaciones que puede ayudar a reparar? ¿Hay personas solas, ancianas, que sufren a su alrededor? Anote sus nombres aquí y piense de qué maneras puede ayudarlos.

_____

_____

_____

_____   Nos ganamos la vida según
                                                      lo que se nos da,
_____   y construimos nuestra
                                                      vida según lo que damos.
_____   —*Winston Churchill*

_____

_____

_____

_____

_____

_____

_____

LO QUE DICEN LAS ESCRITURAS

Este es el amor, que andemos según sus mandamientos. Este es el mandamiento: que andéis en amor (guiados por él, siguiéndolo), como vosotros habéis oído desde el principio.

—2 Juan 6

Amaos los unos a los otros con amor fraternal; en cuanto a honra, prefiriéndoos los unos a los otros.

—Romanos 12:10

ORACIÓN PARA HOY

Padre, ¡qué bueno eres conmigo! Continuamente eres bondadoso, misericordioso conmigo, y me das tu gracia. Me has bendecido con mi familia y amigos, y, con suavidad, guías mis pensamientos hacia aquellos cuyas vidas puedo bendecir con una palabra de aliento o un pequeño acto de bondad. Padre, quiero vivir una vida de apasionada compasión. Quiero agradarte, viviendo una vida de generosidad y misericordia. Guíame, muéveme. Haz que mi corazón se parezca más al tuyo. Y te daré gracias por ello.

Para aliviar el dolor de otro
hay que olvidar el propio.
—*Abraham Lincoln*

VERDAD DE BOLSILLO: Hoy mantendré abierto mi corazón de compasión.

DÍA 5:

LA SEMILLA DEBE IR
POR DELANTE

VERDAD CLAVE: No podemos robarle a Dios y esperar su bendición al mismo tiempo.

EN TODA LA BIBLIA, ENCONTRAMOS EL PRINCIPIO DE SEMBRAR Y cosechar. Así como el agricultor tiene que sembrar semillas si espera cosechar, también nosotros tenemos que sembrar buena semilla en los campos de nuestras familias, carreras, negocios y relaciones personales.

¿Qué pasaría si el agricultor decidiera que no tiene ganas de sembrar, que está cansado, que «siente» que tiene que sentarse a descansar, esperando que llegue la cosecha? ¡Esperaría toda su vida! Tiene que sembrar. Es el principio establecido por Dios. Del mismo modo, si queremos cosechar cosas buenas, tenemos que sembrar buenas semillas. Observe que cosechamos lo que sembramos. Si quiere usted cosechar felicidad, siembre semillas de felicidad, haciendo felices a los demás. Si quiere cosechar bendición económica, debe sembrar semillas económicas en la vida de otras personas. Si quiere cosechar amistades, debe sembrar la semilla y hacer amistades. La semilla siempre tiene que ir por delante. La razón por la que muchas personas no crecen es porque no siembran. Viven vidas egocéntricas. A menos que cambien su enfoque y empiecen a llegar a los demás, probablemente sigan siempre en esta situación en que están.

Algunas personas dicen: «Tengo muchos problemas. No quiero saber nada con sembrar semillas. Solamente quiero saber cómo salir de este embrollo en que estoy». Bueno, esta es la forma en que puede salir de su embrollo. Si quiere que Dios resuelva sus problemas, ayude a resolver el problema de otros. ¡Siembre!

PIENSE EN ESTO: Quizá, como Isaac en Génesis, esté usted en algún tipo de hambruna. Puede ser hambruna económica o simplemente hambre de amistad. Posiblemente necesite sanación física. O paz en su hogar. Sea cual fuere su necesidad, una de las mejores cosas que puede hacer es dejar de pensar en su propia situación y ayudar a satisfacer la necesidad de otro. Si hoy se siente con depresión y desaliento, no se quede allí llorando autocompasión. Vaya a buscar a alguien a quien alegrar. Siembre semillas de felicidad. Así recibirá cosecha.

¿Puede señalar algún momento en que alguien haya sembrado una semilla de bondad y compasión en su vida? Piense en cómo este sencillo acto de compasión cambió su día, su situación, su actitud. Escriba lo que significó para usted, aquí:

Bien hecho, es mucho
mejor que bien dicho.
—*Benjamín Franklin*

_____

_____

_____   _____

_____

_____   La generosidad es cuestión
de corazón y no de bolsillo.
_____   —*Fred P. Corson*

_____   _____

_____

_____

_____

_____

_____

LO QUE DICEN LAS ESCRITURAS

Pues todo lo que el hombre sembrare, eso también segará.

—*Gálatas 6:7*

Y sembró Isaac en aquella tierra, y cosechó aquel año ciento por uno; y le bendijo Jehová.

—*Génesis 26:12*

ORACIÓN PARA HOY

Señor, te creo cuando dices que cuando plantamos, sembramos y regamos la vida de otras personas, nuestra propia vida crece en abundancia. Ayúdame a enfocarme más en la semilla que en la necesidad, a no pensar siempre en lo que me falta, sino en cómo bendecir a otros. Creo que tú refrescarás mi vida aún en las temporadas más secas y estériles, cuando yo viva para bendecir a los demás. Dios, confío en que tú cubrirás mis necesidades. Confío en que harás más de lo que pido o puedo siquiera pensar. Te agradezco por darme oportunidades de sembrar semillas de bondad en la vida de los demás.

Es posible dar sin amar,
pero imposible amar sin dar.
—*Richard Braunstein*

VERDAD DE BOLSILLO: He decidido que seré de los que dan. Haré de mi vida un jardín, y sembraré semillas del amor de Dios día tras día.

DÍA 6:

BUSQUE QUE DIOS SE
FIJE EN USTED

VERDAD CLAVE: Haga algo extraordinario como expresión de su fe.

EL OTRO DÍA, ALGUIEN ME ESCRIBIÓ DICIENDO: «JOEL, ME GUSTÓ mucho la corbata que llevabas la semana pasada en el programa de televisión». Entonces, tomé la corbata, la empaqué y se la envié por correo. Pensé: *Es una oportunidad demasiado buena como para dejarla pasar.* (Ahora, no me escriba diciendo que le gusta mi traje o mi auto. Eso es trampa. ¡Ya conoce mi secreto!)

Dirá usted: "Joel, jamás haría algo así, darle algo a alguien simplemente porque me elogiaron".

Bien, pero haga lo que pueda hacer entonces. Podría llevar a alguien en su auto, para ahorrarle el boleto de bus o llamar a alguien para darle aliento. Podría hacer los mandados para un anciano. Siempre habrá algo que pueda hacer ¡Comience hoy mismo!

Aprenda a extender su fe. Haga algo fuera de lo común. Si quiere una cosecha extraordinaria, siempre una semilla extraordinaria. En lugar de estar en casa viendo la TV todas las noches, ¿por qué no pasar parte de ese tiempo haciendo algo bueno por los demás? En lugar de ir a comer a un restaurante caro, ¿por qué no guarda ese dinero para sembrarlo como semilla? Si suele dar 10% de sus ingresos, extienda un poco su fe y dé 11%. Ponga más semillas en el suelo y espere a ver qué hace Dios.

Las Escrituras dicen: «Porque con la misma medida con que medís, os volverán a medir» (Lucas 6:38). Es decir, que si damos con una cucharadita, nos será dado con una cucharadita. Si damos de a paladas, recibiremos de a paladas. Y si damos con camión volteador, ¡recibiremos un camión volteador lleno de bendiciones!

PIENSE EN ESTO: Las Escrituras no son ambiguas respecto de este tema. Dicen: « Reconócelo en todos tus caminos, y él enderezará tus veredas» (Proverbios 3:6). Si quiere prosperar en su negocio, honre a Dios primero. Cuando honre a Dios, Dios siempre le honrará a usted. Y es interesante que el único lugar en donde la Biblia muestra que Dios nos dice que lo pongamos a prueba es en el área de nuestras finanzas. Si es usted fiel y le muestra a Dios que es confiable con lo que tiene ahora, no hay límite a lo que Dios puede llegar a hacer en su vida. En el espacio a continuación, reflexione sobre Proverbios 3:6 y lo que significa (o puede significar) en su vida hoy.

_____

_____

_____

_____

_____

_____

_____

Nadie es inútil en este mundo si alivia la carga de otros.
—*Charles Dickens*

LO QUE DICEN LAS ESCRITURAS

Confía en Jehová, y haz el bien; y habitarás en la tierra, y te apacentarás de la verdad.

—*Salmo 37:3*

El que siembra escasamente, también segará escasamente; y el que siembra generosamente, generosamente también segará.

—*2 Corintios 9:6*

ORACIÓN PARA HOY

Padre, no quiero robarte. No quiero crédito por las bendiciones que hay en mi vida. Todo proviene de ti. Perdóname por las veces en que fui egoísta con lo que me diste. Quiero honrarte con mis finanzas, más allá del 10% que pediste de mí. Quiero ser extravagante en mi amor por ti y mi amor por los demás. Ayúdame a seguirte, a honrarte siendo fiel con lo que me has dado.

_____

_____

_____

No hay tal cosa como ser bueno demasiado pronto, porque uno nunca sabe cuándo puede ser demasiado tarde.
—*Ralph Waldo Emerson*

_____

_____

_____

_____

_____

_____

_____

_____

VERDAD DE BOLSILLO: Honraré a Dios con mis finanzas. No daré solamente lo que se espera de mí, sino lo que no se espera, especialmente a aquellos que no tienen recursos como para hacer algo parecido conmigo. Empezaré hoy mismo.

DÍA 7:

SEMBRAR Y CRECER

VERDAD CLAVE: Si Dios le ha dado gozo, compártalo.

EL MAR MUERTO ES UNO DE LOS ESPEJOS DE AGUA MÁS FASCINANTES de la tierra. El agua es tan densa debido al alto contenido mineral, que se puede flotar sin siquiera nadar. Hasta puede uno sentarse en el agua a leer el periódico, sin hundirse.

Las excursiones que visitan el lugar suelen detenerse el tiempo suficiente como para convencer a los escépticos o aventureros que quieran hacer la prueba. El problema es que cuando uno sale del agua nadie quiere estar cerca. El agua tiene un olor horrendo.

El Mar Muerto recibe las aguas del Río Jordán, y no tiene salida. Toda agua dulce que llega se estanca. Y aunque es interesante verlo y estudiarlo, el agua está contaminada, podrida, y huele horriblemente. No se puede beber. Esta es una buena imagen de la persona egoísta, el interesado que no es generoso. Dios no nos creó para ser reservorios que solamente reciben o recogen. Nos creó para ser ríos que fluyen continuamente. Cuando vivimos solamente para nosotros mismos, recibiendo, tomando y sin dar, nos estancamos y contaminamos. En pocas palabras, nuestras vidas comienzan a oler mal. Andamos siempre con actitud agriada, no somos divertidos como compañía, estamos siempre irritados y nos llevamos mal con todos. Y todo porque nada fluye desde nosotros hacia los demás. Dios quiere derramar cosas buenas en su vida, pero si quiere usted vivir su mejor vida ahora, debe aprender a dejar que estas cosas fluyan a través de usted hacia los demás. Al hacerlo, su provisión se reabastecerá, y su vida siempre estará fresca.

PIENSE EN ESTO: Cuando damos, almacenamos la bondad y favor de Dios para que —en tiempos de necesidad— tengamos abundante cosecha de la que Dios puede tomar para satisfacer nuestra carencia. Quizá hoy no le falte nada a usted. ¡Qué bueno! Pero que esto no le impida dar. Necesita prepararse para el futuro. Cuando sí tenga necesidad de algo, Dios estará allí, listo para ayudarle. Dar es como tomar una medicina de prevención. Almacenamos la bondad de Dios.

En el espacio que hay a continuación, reflexione sobre diversas necesidades en su vida, las cosas por las que confía en Dios como dador. Luego, anote: «Por mi generosidad Dios moverá cielo y tierra para asegurarse de que no me falte nada».

_____

_____

_____

_____

_____   Haz siempre el bien;
                                     esto gratificará a algunos
_____   y asombrará al resto.
                                              —*Mark Twain*
_____

_____

_____

_____

LO QUE DICEN LAS ESCRITURAS

Echa tu pan sobre las aguas; porque después de muchos días lo hallarás. Reparte a siete, y aun a ocho; porque no sabes el mal que vendrá sobre la tierra.

—*Eclesiastés 11:1-2*

Que en grande prueba de tribulación, la abundancia de su gozo y su profunda pobreza abundaron en riquezas de su generosidad.

—*2 Corintios 8:2*

ORACIÓN PARA HOY

Padre, oro porque hagas de mi vida un río, un río que fluya continuamente con amor y misericordia por los demás. Úsame para llevar esperanza y gozo a quienes más los necesitan. Confío en que tú cubrirás todas mis necesidades, así que soy libre para poder concentrarme en ayudar a satisfacer las necesidades de los demás. Dé poco o mucho, lo que doy te lo estoy dando de vuelta a ti.

Dios nos dio dos manos,
una para recibir y la otra
para dar. No somos
cisternas que deben guardar.
Somos canales que
deben compartir.
—*Billy Graham*

VERDAD DE BOLSILLO: La generosidad y el gozo que comparto con los demás volverán a mí en mis momentos de necesidad.

PASO SIETE:

Decida ser feliz

DÍA 1:

DIOS VE LO QUE DAMOS

VERDAD CLAVE: Dios lleva un registro de toda buena acción que haya hecho usted.

EN LA BIBLIA, HAY UNA HISTORIA SOBRE UN CAPITÁN DEL EJÉRCITO romano llamado Cornelio. La Biblia dice que era un hombre bueno que oraba a menudo y daba con generosidad a los pobres. Cornelio y su familia fueron el primer hogar gentil registrado en recibir la buena nueva y la salvación después de la resurrección de Jesús.

¿Por qué había sido elegido? ¿Por qué decidió Dios que fuera él quien recibiera tal honor? Las Escrituras explican: «Un ángel de Dios ... le decía: Cornelio, tus oraciones y tus limosnas han subido para memoria delante de Dios» (Hechos 10:3-4). La traducción de la Living Bible (Biblia Viva) dice en inglés: «Tus oraciones y caridades no han pasado desapercibidas ante Dios». Amigo, amiga, ¡que nadie le convenza de que cuando usted da, no hace un cambio! La razón por la que Cornelio fue elegido fue por su espíritu de dar.

Del mismo modo, cuando damos estamos haciendo que Dios se fije en nosotros. No sugiero que podamos comprar milagros. No digo que tengamos que pagar para que Dios cubra nuestras necesidades, sino que Dios ve lo que damos. Ve nuestros actos de bondad. Cada vez que ayuda usted a alguien, Dios lo ve. Y como con Cornelio, a Dios le agrada cuando usted da y derramará su favor de manera nueva sobre su vida.

PIENSE EN ESTO: En su momento de necesidad, ponga acción tras sus oraciones. Si ora por un ascenso en el trabajo, siembre. Haga más que orar. ¿Por qué no hace como Cornelio y sale a alimentar a los pobres o hace algo para sembrar esas semillas? Sus dádivas subirán hasta Dios, y quedarán en su memoria.

Quizá esté esperando restaurar su matrimonio o mejorar alguna otra relación, comprar una casa nueva o salir de sus deudas. Siembre una semilla especial que tenga que ver con su necesidad específica. No podemos comprar la bondad de Dios, pero, como Cornelio, sí podemos ejercitar nuestra fe al dar.

En el espacio que hay a continuación, reflexione sobre todo lo que Dios le ha dado, cosas que pueda usar para sembrar semillas de bondad en la vida de otras personas.

_____

_____

_____

_____

_____

_____

_____

_____

_____

_____
_____
_____
_____
_____
_____
_____
_____
_____
_____
_____
_____
_____

¿Qué aspecto tiene el amor?
Tiene manos para ayudar
a otros. Tiene pies para que
nos apresuremos a ayudar
al pobre y necesitado.
Tiene ojos para que veamos
la miseria y la necesidad.
Tiene oídos para oír los sus
piros y gemidos de otros.
Ese es el aspecto del amor.

—*Agustín*

LO QUE DICEN LAS ESCRITURAS

Cada uno dé como propuso en su corazón: no con tristeza, ni por necesidad, porque Dios ama al dador alegre. Y poderoso es Dios para hacer que abunde en vosotros toda gracia, a fin de que, teniendo siempre en todas las cosas todo lo suficiente, abundéis para toda buena obra.

—*2 Corintios 9:7-8*

La dádiva de Dios es vida eterna en Cristo Jesús Señor nuestro.

—*Romanos 6:23*

ORACIÓN PARA HOY

Señor, sé que tu amor por mí es incondicional y que tú me has bendecido con tantas cosas que no merezco, cosas que yo no podría ganar por más que hiciera buenas acciones. Te doy gracias por ello y por la paz de saber que tú siempre me amarás y cuidarás. Quiero vivir mi fe de manera extraordinaria, vivir tan generosamente que tú no puedas más que observar mi vida como ofrenda de adoración.

_____

_____

_____

_____

> El verdadero problema no es por qué hay gente creyente, buena y humilde que sufren, sino por qué hay gente que no sufre.
> —*C. S. Lewis*

_____

_____

_____

_____

_____

VERDAD DE BOLSILLO: Dios ve mis dádivas y cuando actúo con generosidad hacia los demás, Él es todavía más generoso conmigo.

DÍA 2:

LA FELICIDAD ES UNA DECISIÓN

VERDAD CLAVE: La felicidad es una decisión que tomamos, y no una emoción que sentimos.

HABIENDO TRABAJADO YA EN LOS SIETE PASOS HACIA VIVIR SU MEJOR vida ahora, sentirá la tentación de pensar que todavía falta mucho para llegar a su mejor vida. En realidad, nada hay más lejos de la verdad. ¡Su mejor vida comienza hoy! Dios quiere que disfrute usted de su vida ahora mismo. El séptimo paso para disfrutar su mejor vida ahora es elegir ser feliz hoy. No necesita esperar a que todo esté perfectamente arreglado en su familia o sus negocios, o a que se resuelvan todos sus problemas. No tiene que renunciar a la felicidad hasta haber perdido peso, abandonado un hábito insalubre o logrado sus objetivos. No. Dios quiere que usted sea feliz donde esté ahora mismo.

La felicidad es una decisión. Puede estar pasando por momentos difíciles o tener obstáculos grandes en su camino, y todo esto le da buenas razones para molestarse. Pero vivir sin alegría no hará que las cosas cambien. Ser negativos o amargados tampoco nos ayuda a mejorar nada. ¡Así que más le valdrá elegir ser feliz y disfrutar de la vida! Cuando haga esto, no sólo se sentirá mejor, sino que su fe hará que Dios obre maravillas en su vida. Dios sabe que tenemos dificultades, obstáculos y desafíos. Pero jamás fue su intención que viviéramos un día en la nube más alta para luego caer al día siguiente en el pozo más profundo, deprimidos y derrotados porque tenemos problemas. No. Dios quiere que vivamos con coherencia. Quiere que disfrutemos cada día de nuestra vida.

Aprenda a vivir un día a la vez. Mediante un acto de voluntad, elija empezar a disfrutar de su vida ahora mismo. La vida es demasiado corta como para no disfrutar de cada día. Disfrute de su familia, sus amigos, su salud, su trabajo y todo lo que hay en su vida. La felicidad es una decisión que tomamos, no una emoción que sentimos. Por cierto, habrá momentos en que sucedan cosas malas o cuando las cosas no resulten como las esperábamos. Pero allí es donde tenemos que decidir ser felices, a pesar de nuestras circunstancias.

PIENSE EN ESTO: La Biblia dice que somos como niebla, como vapor. Estamos aquí por un momento, y luego ya no estamos más (ver Santiago 4:14). La vida vuela, así que no malgaste ni siquiera un momento más de su precioso tiempo sin felicidad, sintiendo ira o preocupación. El salmista dijo: «Este es el día que hizo Jehová; nos gozaremos y alegraremos en él» (118:24). Observe que no dice: «Nos alegraremos mañana». Tampoco dice: «Me alegraré la semana que viene, cuando no tenga tantos problemas». No. Dice en este día. Este es el día en que Dios quiere que usted sea feliz.

Enumere siete cosas, lo primero que se le ocurra, por las que es feliz:

_____

_____

_____   ❧

_____   La felicidad es contagiosa.

_____   ¡Sea portador!

_____   —*Robert Orben*

_____   ❧

_____

_____

_____

_____

_____

_____

LO QUE DICEN LAS ESCRITURAS

El corazón alegre hermosea el rostro... el de corazón contento tiene un banquete continuo.

—*Proverbios 15:13, 15*

Aún llenará tu boca de risa, y tus labios de júbilo.

—*Job 8:21*

ORACIÓN PARA HOY

Dios, sé que tú me hiciste como soy a propósito. Este es tu plan y me has dado lo que tengo para trabajar. No voy a quejarme ni a tener una actitud negativa. No voy a ir por la vida deseando que las cosas fueran distintas, deseando ser alguien más. Padre, tomaré lo que tú me has dado y lo aprovecharé al máximo. Voy a ser feliz con quien tú quisiste que sea. Voy a disfrutar de mi vida a pesar de mis defectos.

La felicidad va hacia dentro, no hacia afuera. Por eso, no depende de lo que tengamos, sino de lo que somos.
—*Henry Van Dyke*

VERDAD DE BOLSILLO: No soy un ser perfecto. Pero voy a florecer aquí, donde Dios me plantó, de manera asombrosa, vívida y colorida. Doy gracias por lo que soy, ¡y elijo ser feliz!

DÍA 3:

CONFIANZA = FELICIDAD

VERDAD CLAVE: Deje de cuestionar a Dios y comience a confiar en Él.

ALGUNAS PERSONAS ESTÁN CONVENCIDAS DE QUE LA VIDA NO ES MÁS que una serie de problemas por resolver. Cuanto antes terminen con este problema, tanto más pronto serán felices. Pero, en verdad, después de haber resuelto este problema, habrá otro más que enfrentar. Y después de ese obstáculo, habrá otro por vencer. Siempre hay otra montaña por escalar. Eso por eso que importa tanto disfrutar del viaje y no solamente del destino. En este mundo, nunca llegaremos a un lugar donde todo sea perfecto y ya no haya más desafíos. Aunque los objetivos y metas sean admirables y lograrlos sea algo gratificante, uno no puede concentrarse tanto en cumplir con éstos cometiendo el error de no disfrutar el lugar en que estamos en el momento.

Los grandes eventos no le harán feliz. Quizá le alegren durante un tiempo, pero cuando el efecto pasa —como el adicto que busca más droga— necesitará algo más. Quizá se haya permitido caer en el hábito de esperar a que todo esté en calma, arreglado y sereno antes de poder sentir alegría y darse permiso para disfrutar de la vida. Está esperando que se resuelvan sus problemas. Está esperando que su cónyuge se vuelva más espiritual. Espera a que su hijo cambie, que su negocio crezca o que se termine de pagar su hipoteca.

¿Por qué no ser feliz ahora mismo? No viaje muchos años por este camino para luego, trágicamente, darse cuenta de que un evento, un logro o una serie de ellos no le trajeron felicidad duradera. Aprecie el hoy. Disfrute del viaje de la vida.

Estos son los buenos tiempos del ayer. Dentro de veinte años, quizá mire hacia atrás y diga: «¡Esa sí fue una buena época en mi vida!».

PIENSE EN ESTO: El apóstol Pablo escribió más de la mitad del Nuevo Testamento al estar en prisión, usualmente en celdas tan pequeñas como un cuarto de baño. Algunos historiadores y comentadores de la Biblia creen que el sistema de cloacas de esos tiempos pasaba por uno de los calabozos donde él estaba encerrado. Y hay comentarios que afirman que es posible que haya escrito algunos de los más grandes pasajes de lo que hoy conocemos como Nuevo Testamento, en una cloaca que a veces se inundaba hasta llegarle a la cintura. Sin embargo, Pablo escribió palabras asombrosas, llenas de fe, como: «Todo lo puedo en Cristo que me fortalece» (Filipenses 4:13), «Mas a Dios gracias, el cual nos lleva siempre en triunfo en Cristo Jesús» (2 Corintios 2:14), y «Regocijaos en el Señor siempre. Otra vez digo: ¡Regocijaos!» (Filipenses 4:4).

En sus momentos de dificultad, cuando las cosas parecen ir mal, en lugar de sentir autocompasión pensando en lo injusta que es la vida con usted, tome la decisión de regocijarse en el Señor. ¡Elija ser feliz! Elija llenarse de gozo continuamente.

En el espacio que hay a continuación, enumere tres desafíos específicos que esté enfrentando hoy, y luego dé al menos una razón específica por la cual regocijarse en el Señor por cada desafío.

_____

_____

_____

_____   ⚬⚬

_____   El verdadero contento es una
                                         virtud real y aun activa,
_____   no solamente afirmativa,
                                         sino creativa. Es el poder
_____   de poder sacar de toda
                                         situación todo lo que
_____   hay en ésta.
                                         —*G. K. Chesterton*
_____   ⚬⚬

_____

_____

_____

_____

LO QUE DICEN LAS ESCRITURAS

El gozo de Jehová es vuestra fuerza.

—*Nehemías 8:10*

El corazón alegre constituye buen remedio.

—*Proverbios 17:22*

No lo digo porque tenga escasez, pues he aprendido a conten-
tarme, cualquiera que sea mi situación.

—*Filipenses 4:11*

ORACIÓN PARA HOY

Padre, sé que tú me has puesto en este lugar de mi vida con un propósito. Los problemas que estoy viviendo me ayudan a ver la obra de tu mano cada día. Ayúdame a elegir confiar en ti, y ser feliz a pesar de mis circunstancias. Enséñame. Empújame. Extiéndeme. Y ayúdame a responder con fidelidad y mirada positiva. Te confío mi vida. Eres la fuente de mi alegría. Dependeré de ti para que guíes mis pasos.

El Señor puede hacer de ti lo que quieras ser, pero tendrás que poner todo en sus manos.
—*Mahalia Jackson*

VERDAD DE BOLSILLO: Dios tiene el control. Él tiene en su corazón mi mejor interés. Me tiene allí donde puede usarme con mayor beneficio. Él está dirigiendo mis pasos.

DÍA 4:

DAR EN EL BLANCO

VERDAD CLAVE: Dios no bendice la mediocridad. Dios bendice la excelencia.

PARA MUCHA GENTE, LA MEDIOCRIDAD ES LA NORMA. QUIEREN HACER el menor esfuerzo posible y aún así, sobrevivir. Pero Dios no nos creó para que seamos mediocres ni siquiera promedio. No quiere que sobrevivamos nada más o que hagamos lo que hacen todos los demás. No. Dios nos ha llamado a ser más. Nos ha llamado a sobresalir en la multitud, a ser personas de excelencia e integridad. De hecho, la única forma de ser verdaderamente felices es vivir con excelencia e integridad. Todo atisbo de negociación tiznará o manchará nuestras más grandes victorias o logros.

¿Qué significa ser una persona de excelencia e integridad?

La persona de excelencia e integridad va un paso más allá para hacer lo que está bien. Mantiene su palabra aunque sea difícil hacerlo. Las personas de excelencia llegan puntuales al trabajo. Dan a sus empleadores un día entero de trabajo; no se van más temprano ni se toman el día libre cuando no están enfermos. Cuando uno tiene un espíritu excelente, se nota en la calidad del trabajo y la actitud con que se cumple. Dios no bendice la mediocridad. Bendice la excelencia. Las Escrituras dicen: «Y todo lo que hagáis, hacedlo de corazón, como para el Señor y no para los hombres; sabiendo que del Señor recibiréis la recompensa de la herencia, porque a Cristo el Señor servís» (Colosenses 3:23-24). Observe que lo que sea que hagamos debemos hacerlo con nuestro mejor esfuerzo, como si lo hiciéramos para Dios. Si trabajamos con ese parámetro en mente, Dios promete recompensarnos.

Si quiere vivir su mejor vida ahora, comience a apuntar hacia la excelencia y la integridad en su vida, haciendo un poco más de lo que le piden. Comience a tomar las más excelentes decisiones en cada una de las áreas de su vida, incluyendo las mundanas.

PIENSE EN ESTO: Quizá esté usted hoy en una situación en donde todos los que le rodean negocian su integridad o buscan la salida fácil. No permita que lo contagien. Sea quien tiene espíritu de excelencia. Sea el que sobresale de la multitud. Represente a Dios en su forma de vida, en la manera en que cuida sus posesiones y su vida, en la manera en que interactúa con los demás. En el espacio que hay debajo, anote tres áreas de su vida en las que podría elegir mejor. ¿De qué forma podría apuntar a la excelencia en esas áreas?

_____

Muestre clase, sienta orgullo
y muestre carácter.
Si lo hace, la victoria
vendrá por sí sola.
—*Paul "Bear" Bryant*

_____

_____

_____

_____

_____

_____

_____

_____

_____

> Los obstáculos no pueden aplastarme. Cada obstáculo se rinde ante la resolución firme y decidida. Quien se aferra a una estrella no cambia de idea.
>
> —*Leonardo da Vinci*

_____

_____

_____

LO QUE DICEN LAS ESCRITURAS

El que es fiel en lo muy poco, también en lo más es fiel.

—*Lucas 16:10*

Por Jehová son ordenados los pasos del hombre.

—*Salmo 37:23*

De Jehová son los pasos del hombre; ¿Cómo, pues, entenderá el hombre su camino?

—*Proverbios 20:24*

ORACIÓN PARA HOY

Padre, quiero ser una persona de excelencia. El tipo de persona que hace siempre lo correcto, lo vean o no. El tipo de persona puntual, que cuida de sí y es honesto con los demás, siempre como reflejo de mi Padre en el cielo. Ayúdame a tomar decisiones sabias, pensando siempre que soy tu embajador.

_____

_____

_____

La vida es un espejo.
Si le frunces el ceño,
lo mismo hará. Si sonríes,
te devolverá el saludo.
—*William Makepeace Thackeray*

VERDAD DE BOLSILLO: Al tomar la vida un día a la vez, apuntaré a la excelencia en todas las áreas de mi vida.

DÍA 5:

LA INTEGRIDAD RINDE FRUTOS

VERDAD CLAVE: Las sutiles negociaciones de la integridad nos quitan lo mejor de Dios.

DIOS QUIERE QUE SEAMOS PERSONAS DE EXCELENCIA E INTEGRIDAD. Si no tiene usted integridad jamás alcanzará su máximo potencial. La integridad es el cimiento sobre el que se construye una vida exitosa. Cada vez que negocia, cada vez que deja de lado la honestidad, causa una rajadura en su cimiento. Si sigue negociando ese cimiento, jamás podrá sostener lo que Dios quiere construir. Jamás tendrá prosperidad duradera si no tiene primero integridad. Oh, quizá sí tenga éxito temporal, pero jamás verá la plenitud del favor de Dios, a menos que tome el camino recto y las decisiones de excelencia. Por otra parte, las bendiciones de Dios nos pasarán de largo si elegimos vivir sin integridad.

Por supuesto, todos queremos prosperar en la vida. Pero la pregunta real es: ¿Estamos dispuestos a pagar el precio de hacer lo correcto? No siempre es fácil. ¿Estamos pagando nuestras deudas honestas?

¿Somos honestos en nuestras decisiones comerciales? ¿Estamos tratando a los demás con respeto y honor? ¿Somos fieles a nuestra palabra? La integridad y la prosperidad son dos caras de una misma moneda. No se puede tener una sin la otra.

Dios quizá esté recordándole que pague esa cuenta que ha barrido bajo la alfombra. Quizá necesite trabajar en su puntualidad, y llegar a la oficina siempre en horario. Quizá sabe que debiera conducirse con mayor honestidad en ese negocio. Comience a corregir las cosas ahora mismo. Avance a un nivel de integridad más elevado en esas áreas. Dios nos está llamando a salir de la mediocridad para entrar en la excelencia.

La persona de integridad dice lo que quiere decir, y quiere decir lo que dice. La gente no necesita calcular, imaginar o deducir qué quiso decir. Hable directo en sus conversaciones. La integridad es más que no mentir. La persona de integridad no engaña ni habla con doble sentido. Suele ser fácil decir parte de la verdad, dejando algo sin decir de forma conveniente porque sabemos que tendrá un impacto negativo. Esto no es hablar con integridad. Necesitamos ser abiertos y honestos aún cuando sea difícil.

Las personas de excelencia hacen lo correcto porque es correcto, y no porque nadie les obligue a hacerlo.

PIENSE EN ESTO: Amigo, amiga, hay muchas cosas en la vida con las que podemos salirnos con la nuestra y aún así seguir siendo aceptables a los ojos de la sociedad. Podemos negociar nuestra integridad o la de nuestra compañía; podemos engañar y ser deshonestos. Podemos mentir, dejar de lado la moral, abaratar costos aquí y allí. Pero la pregunta es: ¿Qué tan alto quiere llegar? ¿Cuánto del favor de Dios quiere ver? ¿Hasta qué punto quiere que Dios le utilice? Dios no puede promoverle ni bendecirle si no vive usted en integridad.

En este espacio, piense en esas preguntas y responda con sinceridad, con el corazón:

_____

_____

_____

_____   ⤳

_____   La historia se hace de noche.
                            El carácter es lo que somos
_____   en la oscuridad.
                                —Lord John Whorfin
_____

_____   ⤳

_____

_____

_____

_____

_____

LO QUE DICEN LAS ESCRITURAS

Él provee de sana sabiduría a los rectos; es escudo a los que caminan rectamente.

—Proverbios 2:7

Muéstrame, oh Jehová, tus caminos; enséñame tus sendas.

—Salmo 25:4

ORACIÓN PARA HOY

Señor, te doy gracias por prometer victoria para quienes viven rectamente, para quienes buscan honrarte viviendo una vida de integridad.

Ayúdame a no negociar, a no ahorrar costos o engañar sólo porque puedo hacerlo. Ayúdame a rendir 110% en mi trabajo, a ir más allá de mi deber. No por esperar bendición o recompensa, sino por agradarte.

> Haz todo lo que puedas,
> lo mejor que puedas,
> por todos los medios que
> puedas, en todos los lugares
> que puedas, todas las veces
> que puedas, a todas las
> personas que puedas, y todo
> el tiempo que puedas.
> —*John Wesley*

VERDAD DE BOLSILLO: Me haré responsable de mis acciones y decisiones. Seré una persona de excelencia. igual en privado que en público.

DÍA 6:

¡ESTO ES VIDA!

VERDAD CLAVE: ¡El pueblo de Dios debiera ser el pueblo más feliz de la tierra!

VIVIR SU MEJOR VIDA AHORA ES VIVIR CON ENTUSIASMO, SENTIRSE emocionado ante la vida que Dios le ha dado. Es creer que habrá más cosas buenas en los días por venir, ¡pero también es vivir el momento y aprovecharlo al máximo!

No seamos ingenuos. Las presiones de la vida moderna continuamente amenazan con minar nuestro entusiasmo, haciendo que se evapore enseguida si no lo alimentamos continuamente. Probablemente conozca usted personas que han perdido su pasión. Han perdido el gusto por la vida. Solían estar entusiasmados por lo que les traería el futuro, por lo que les traerían sus sueños, pero han perdido el fuego interior.

Quizá también en su vida vea usted señales de un entusiasmo apagado. Quizá haya sentido entusiasmo por su matrimonio. Pero el enamoramiento y la pasión han dejado lugar ahora al estancamiento.

Probablemente le haya entusiasmado su empleo. Le gustaba ir a trabajar, pero desde hace un tiempo su trabajo se ha convertido en rutina, en aburrimiento. Quizá antes sentía entusiasmo por servir a Dios. No podía esperar a ir a la iglesia. Le encantaba leer la Biblia, orar y pasar su tiempo con otros creyentes. Pero desde hace un tiempo, está pensando: *No sé qué me pasa. No tengo impulso. No tengo pasión. Solamente hago siempre lo mismo, sin pensarlo.*

La verdad es que gran parte de la vida consiste en rutinas, y podemos estancarnos si no somos cuidadosos. Necesitamos sacudirnos, alimentar nuestra provisión de dones de Dios, todos los días. Como el pueblo israelita en el desierto, que tenía que recolectar la milagrosa provisión de maná que Dios enviaba cada día, nosotros también tenemos que reaprovisionarnos. No podemos vivir con la provisión de ayer. Necesitamos nuevo entusiasmo cada día. La palabra entusiasmo proviene de dos palabras griegas: *en theos*, que significa «inspirado por Dios». Nuestra vida necesita inspiración, una infusión diaria de la bondad de Dios.

PIENSE EN ESTO: Debiéramos estar tan entusiasmados y llenos de gozo que los demás quieran tener lo que tenemos. Pregúntese: Mi modo de vida ¿es atractivo, contagioso? Mis actitudes, las palabras que digo, mis expresiones, la forma en que enfrento los problemas ¿harían que los demás quieran tener lo que tengo?

En el espacio que hay a continuación, anote cinco palabras que describan su actitud o perspectiva de la vida. (Por ejemplo: dinamismo, desaliento, positivo, entusiasta, entre otras.) ¿Vive simplemente repitiendo los movimientos de la rutina? ¿O vive en general de manera positiva y entusiasta? ¿Atraerían estas actitudes a otras personas hacia usted (o hacia su Dios)?

_____

_____

_____

_____

———————————————

———————————————

————————

————————

————————

————————

————————

———————

——————— ❧ ———————

El día más desperdiciado
es el día sin risa.
—*E. E. Cummings*

——————— ❧ ———————

———————————————

———————————————

———————————————

———————————————

———————————————

———————————————

LO QUE DICEN LAS ESCRITURAS

En lo que requiere diligencia, no perezosos; fervientes en espíritu, sirviendo al Señor.

—*Romanos 12:11*

Por lo cual te aconsejo que avives el fuego del don de Dios que está en ti.

—*2 Timoteo 1:6*

ORACIÓN PARA HOY

Señor, si no fuera por tu bondad, yo no estaría aquí hoy. Sé que estás obrando en mi vida, y sé que no hay mejor vida que la que hay en ti. Sabiendo esto, voy a dejar de mirar lo que está mal, y comenzaré a pensar en lo que está bien en mi vida. Ayúdame, Padre, a levantarme esperando cada día cosas buenas. Has prometido tu favor, protección y bendición en mi vida, así que creeré en lo que tú has dicho. Voy a vivir mi vida con excitación y entusiasmo, aún cuando mis circunstancias no sean las mejores. ¡Porque eres el más grande!

> Si nadie corriera riesgos, Miguel Ángel habría pintado el piso de la Capilla Sixtina.
> —*Neil Simon*

VERDAD DE BOLSILLO: No importa qué hagan o no hagan los demás, ¡yo viviré mi vida con entusiasmo! Voy a seguir con el fuego encendido. Voy a seguir brillando. Voy a sentir pasión por ver cómo se cumplen mis sueños.

DÍA 7:

SU MEJOR VIDA AHORA

VERDAD CLAVE: Dios tiene reservadas grandes cosas para usted.

MUY A MENUDO, CONFORME PASA EL TIEMPO, DAMOS POR SENTADO lo que Dios ha hecho por nosotros. Nos levantamos por la mañana y decimos: «Bien, este es mi marido (o esta es mi esposa), nada más. No es gran cosa. Lo siento, amor, no tengo tiempo de darte un abrazo. Tengo que irme ya». Lo que solíamos considerar un milagro ahora es algo común y corriente. Nos hemos enfriado, damos por sentado lo que tenemos.

Sin embargo, la buena noticia es que ese fuego se puede reavivar. En su matrimonio, en su carrera, en sus relaciones personales, ¡en su vida! Si quiere iniciar los cambios que ha aprendido en este libro, el entusiasmo volverá. Reavive ese fuego. No dé por sentada su vida.

No dé por sentado el don más grande que Dios le ha dado: Dios mismo. No permita que su relación con Dios se enfríe, se estanque o que su aprecio por su bondad sea algo común. Reavive su fuego. Abanique las llamas más que nunca. Viva con entusiasmo. Lo que haga, hágalo por Él, con todo su corazón.

Amigo, amiga, Dios no quiere que se arrastre por la vida sintiendo depresión y derrota. No importa qué cosas le hayan pasado, no importa de quién sea la culpa, no importa qué tan imposible parezca su situación, la buena noticia es que Dios quiere revertirla y restaurarle todo lo que le hayan robado. Quiere restaurar su matrimonio, su familia, su carrera. Quiere restaurar esos sueños rotos. Quiere restaurar su gozo y darle una paz y una felicidad como la que nunca conoció. Y más que nada, Dios quiere restaurar su relación con Él. Dios quiere que viva una vida satisfecha. Dios se ocupa de la restauración a largo plazo. Es su trabajo. ¡Tiene reservadas grandes cosas para usted!

PIENSE EN ESTO: Aférrese a esa visión nueva y ampliada de la victoria que Dios le ha dado. Empiece a esperar que las cosas cambien en su favor. Atrévase a declarar con valentía que se mantendrá firme contra las fuerzas de las tinieblas. No se conformará con la vida de mediocridad.

Eleve su nivel de expectativa. Es nuestra fe lo que activa el poder de Dios. Basta ya de limitar a Dios con nuestros pequeños pensamientos, y comencemos a creer que Él nos dará cosas más grandes y mejores. Recuerde, si obedece usted a Dios y decide confiar en Él, tendrá lo mejor que esta vida tiene para ofrecer ¡y más! Tome la decisión de que a partir de hoy vivirá con excitación por la vida que Dios tiene para usted.

Expanda su visión. Desarrolle una imagen propia sana. Descubra el poder de sus pensamientos y palabras. Deje atrás el pasado. Manténgase firme contra la oposición y la adversidad. Viva para dar. Decida ser feliz. Y Dios le llevará a lugares que nunca siquiera soñó. ¡Estará viviendo su mejor vida ahora!

_____

_____

_____

_____

_____

_____

_____

> El cien por ciento de los
> tiros que no se disparan
> no darán en el blanco.
> —*Wayne Gretzky*

_____

_____

_____

_____

LO QUE DICEN LAS ESCRITURAS

Si quisiereis y oyereis, comeréis el bien de la tierra.

—*Isaías 1:19*

Cada uno dé como propuso en su corazón: no con tristeza, ni por necesidad, porque Dios ama al dador alegre.

—*2 Corintios 9:7*

ORACIÓN PARA HOY

Padre, te doy mi vida, mis sueños, mis deseos, mis problemas, mi pasado, mis miedos, mis dudas, mis debilidades, todo lo que tengo te lo doy, Señor. Eres tan bueno conmigo. Sé que tienes planeado que mi vida sea más grande y plena de lo que yo jamás podría planificar. Eres la fuente de todo bien y verdad en esta vida. Quiero vivir mi mejor vida ahora, no mañana, y no el año que viene. *Ahora.* ¡Y creo con todo mi corazón, toda mi alma y toda mi mente que tú me has creado para que viva de esa manera! Gracias, Señor, por todo lo que has hecho, y por todo lo que tienes reservado para mí.

Olvida las convenciones, olvida lo que el mundo pueda pensar si te sales de tu lugar; piensa tus mejores pensamientos, pronuncia tus mejores palabras, trabaja para hacer tus mejores obras, consultando a tu conciencia por aprobación.
—*Susan B. Anthony*

VERDAD DE BOLSILLO: Mi fe, mi obediencia y mi disposición para confiar activan el poder de Dios ¡Mi mejor vida comienza ahora!